計算や数学が苦手なあなたのための

1週間で SPI3 の

解き方がわかる
テキスト
&問題集
動画講義付き

西川 マキ 著

インプレス

本書の特長

- ・本書は、数学を忘れてしまった、またはあまり得意ではない読者を対象に、基礎からしっかり解法を積み上げられるようまとめたテキスト&問題集です。したがって、新卒の方はもとより転職者の方にとっても、弱点を補強しながら自然に実力がつくような内容になっています。

- ・本文中の練習問題は、過去問題を参考に出題頻度の高い項目により選定されています。そのため最も効果的に学習するには、読み流すことなく、すべての問題を正解できるまで何度も繰り返すことが重要です。

- ・本書の特典「模擬問題 PDF」「動画講義」「問題集アプリ」の入手方法は巻末の「本書の特典のご案内」をご参照ください。

本書は「基礎からステップアップ！ SPI3 突破テキスト&問題集」を改題し、改訂したものです。

インプレスの書籍ホームページ

書籍の新刊や正誤表など最新情報を随時更新しております。

https://book.impress.co.jp/

はじめに

この本を手にしてくださった皆さん、ありがとうございます。
突然ですが、皆さんは次の①または②に当てはまりますか?

① SPIの勉強を始めたけど、難しすぎて分からず、もっと簡単なところから確認
したい。
② SPIの勉強を始めようと思ったけど、数学に触れるのが高校以来(または中学
以来)で、自信がない…。

もし当てはまっていたら、この本をパラパラとめくってみてください。探して
いるのはこの本かもしれません。

SPIの問題は、ほとんどが中学校までの数学の知識で解くことができます。
でも、いきなり実戦的な問題からスタートすると、「方程式ってどうやって解
くんだっけ?」「分数の割り算ってこう計算するんだよね…」「速さの公式ってこ
れで合ってる?」という壁が出てくるでしょう。

その時に、大量にある中学までの教科書を見直すのではなく、公式の使い方や
計算の確認をしながらSPIの基本問題を解いて、基礎を身につけて1週間で解き
方をマスターしよう! というのがこの本のコンセプトです。
方程式の解き方も、分数の割り算の計算方法も、速さの公式も、全部載ってい
ます。

この本の難易度は、入門~基本レベルです。
内容がすべて分かるようになったら、次は実戦的な問題にチャレンジしてくだ
さい。今まで歯が立たなかった問題も、この本が土台になって解けるようになり
ますよ。

基本から着実に解いていけば、やがて芽が出て、最後には大きな「ナイテイ(内
定)の花」が咲きます。
皆さんの就職活動のお役に立てることを心から祈っています。

西川マキ

本書の読み方

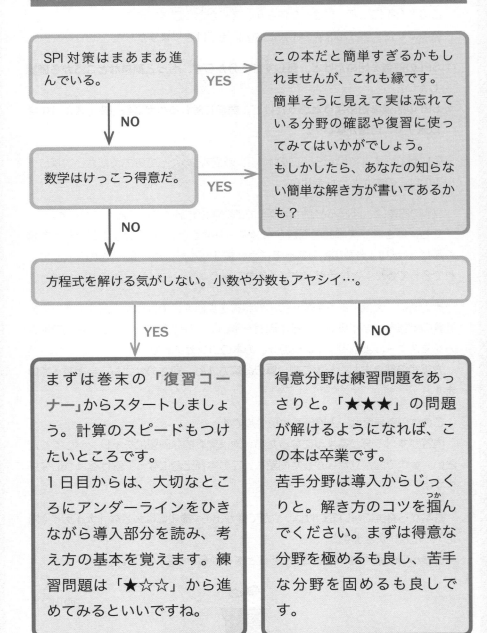

SPI 対策はまあまあ進んでいる。

YES →

この本だと簡単すぎるかもしれませんが、これも縁です。簡単そうに見えて実は忘れている分野の確認や復習に使ってみてはいかがでしょう。
もしかしたら、あなたの知らない簡単な解き方が書いてあるかも?

NO ↓

数学はけっこう得意だ。

YES →

NO ↓

方程式を解ける気がしない。小数や分数もアヤシイ…。

YES ↓

NO ↓

まずは巻末の**「復習コーナー」**からスタートしましょう。計算のスピードもつけたいところです。
1 日目からは、大切なところにアンダーラインをひきながら導入部分を読み、考え方の基本を覚えます。練習問題は「★☆☆」から進めてみるといいですね。

得意分野は練習問題をあっさりと。「★★★」の問題が解けるようになれば、この本は卒業です。
苦手分野は導入からじっくりと。解き方のコツを掴んでください。まずは得意な分野を極めるも良し、苦手な分野を固めるも良しです。

本書の特徴

この本の中では、数学が苦手な 2 人が先生に SPI を教わります。

各章の導入部分ではちょっとしたミスや失敗がありますので、皆さんは、自分に置き換えてウンウンとうなずいたり、客観的に「ありえへん…」と思ったりしてくださいね。

①頻出度

ペーパーテスティング、テストセンター、WEB テスティング（インハウス CBT もほぼ同じ内容）の頻出度で、★★★ の 3 段階で表します。

②必要な復習

忘れている項目は、先に巻末の「復習コーナー」で確認しましょう。

各セクションの最後には練習問題があります。問題は難易度によって、3 段階に分かれています。

★☆☆入門、★★☆ふつう、★★★難しい

★ 3 つ（★★★）で、だいたい SPI の基本〜標準問題です。自力で解けるようになるまで何度も挑戦しましょう。

もくじ

1日目 コツをつかんで計算シリーズ

2日目 身近な計算シリーズ

3日目 速さシリーズ

Challenge 模擬問題

Challenge 復習コーナー

★言語の練習問題は 262 ページから 364 ページの下部にあります

Column ひとくち就活コラム

そもそも編

> SPI を初めて勉強するのでわからないことだらけです。
> SPI とはどんなテストなのか先生に聞いてみたいと思います。

Q1 : そもそも SPI って何ですか？

A1 : SPI は、株式会社リクルートマネジメントソリューションズが提供
している就職採用テストで、Synthetic Personality Inventory の略
です。日本で一番使われている採用テストです。
民間企業だけでなく、公務員試験に SPI を導入している自治体も年々
増えています。

Q2 : SPI、SPI2、SPI3 の違いは何ですか？

A2 : SPI、SPI2 は旧バージョンで、最新バージョンが「SPI3」です。こ
の本を読んでいる皆さんが受けるのは「SPI3」になります。
また、SPI3 の中には、中途採用向けの「SPI3-G」など、たくさん
の種類がありますが、ここでは大卒の採用で使用される「SPI3-U」
についてお答えしていきますね。

Q3 : テストはどのような内容ですか？

A3 : 以下のように「言語」「非言語」「性格検査」の3つに分かれます。

検査内容

言語（国語系） ……… 「語句の用法」「二語関係」「文章読解」など。

非言語（数学系） …… 「論理的思考力」「表を読み取る力」など。

性格検査 ……………… 「性格特徴」「仕事への適性」「社風との相性」など。

企業によって ＋α …… 英語、構造的把握力検査（詳細は Q5 へ）。

性格検査は問題数が多いのでサクサク答えましょう。

Q4：合格点は何点ですか？

A4：企業によって5割だったり7割だったり異なるので「○○点！」とははっきり言えませんが、本書に載っている問題はコンプリートしてテストに臨んでほしいですね。

Q5：受検方式について教えてください。

A5：受検方式とテスト時間は以下の通りです。

受検方式	言語&非言語	性格検査	オプション
ペーパーテスティング	70分 言語　…40問 　　　　30分 非言語…30問 　　　　40分	約40分	英語…40問 　　　30分
テストセンター	約35分	約30分	英語…約20分 構造的把握力検査…約20分
WEBテスティング	約35分	約30分	なし
インハウスCBT	約35分	約30分	なし

英語は、長文読解、文法、空欄補充などが出題されます。
構造的把握力検査は、答えを求めるのではなく、解き方や式の立て方が似ているものを選ぶ問題です。
これらのオプション検査を取り入れている企業はあまり多くありません。

ペーパーテスティング

マークシート方式です。ペーパーなので、先の問題を見ることができます。主に企業内で受けます。

テストセンター

専用の会場（リアル会場）または自宅など（オンライン会場）のパソコンで受けます。

WEBテスティング

自宅のパソコンなどで受けます。電卓が使用できます。
※他の形式では、電卓の使用は禁止されています。

インハウスCBT

企業内のパソコンで受けます。

Q6：方式によって、テスト内容は異なりますか？

A6：共通する部分と異なる部分があります。本書では、各セクションの初めに、🖊 ペーパーテスティング、🖥 テストセンター、Ⓦ WEBテスティング（インハウスCBTも同じ）の頻出度を★の3段階で載せていますので参考にしてくださいね。

Q7：どの方式での受検が多いのですか？

A7：インターンシップではWEBテスティングが多い傾向にあります。実際の就職試験ではテストセンターが多くを占めています。

Q8：テストセンターではどのように受検したら良いのですか？

A8：次ページから詳しくみていきましょう。

Q and A

テストセンター編

Q1：テストセンター方式の受検までの流れを教えてください。

A1：以下のような流れで受検します。

①志望する企業から「受検依頼のメール」が届きます。
メールにある予約サイトから、受検する日程と会場を予約します。

②自宅のパソコンやスマートフォンで**性格検査**を受けます(会場では
受けません)。性格検査が終了すると受検予約確定です。

③リアル会場の場合は予約した会場に出向き、オンライン会場の場合
は自宅などのパソコンで、テストを受けます。

④志望企業からの連絡を待ちます。

Q2：②の性格検査はいつまでに受ければよいですか?

A2：性格検査は予約操作をした次の日の午前3時まで受けることができ
ます。

予約と性格検査が一度にできるよう、落ち着いた環境で行う
といいですね。

Q3：変更や取り消しをすることはできますか？

A3：受検開始の１時間前まで変更や取り消しができます。

Q4：テスト当日は何を持っていけばいいですか？

A4：リアル会場の場合は「顔写真付き身分証明書（運転免許証、パスポート、学生証など）」、「受検票（「受験予約完了」の画面を印刷したもの）」、「気合い」が必要です。
オンライン会場の場合は「顔写真付き身分証明書（リアル会場と同様）」、「筆記用具（鉛筆またはシャープペンシル）」、「A4サイズのメモ用紙２枚」、それから「気合い」が必要です。

Q5：オンライン会場とはどのようなものですか？

A5：オンライン会場は、自宅などのパソコン（スマートフォンやタブレットは不可）で受検します。カメラや音声を接続し、パソコン画面を監督者に共有します。
外が見えないようにカーテンを閉める、カレンダーなどは外すか見えないようにするなど、多くの注意点があります。

Q6：スーツ着用ですか？

A6：その必要はありません。服装は自由です。

Q7：問題は何問出題されますか？

A7：回答状況で難易度や問題数が自動で変わります。つまり、正答するとテストの難易度が上がり、誤答だと下がります。
受検者ごとに問題が違いますので、一緒に受けた友人が、

テスト簡単だったね

!!

…と言った場合でも、本当によくできたのか、間違いが多くてテストの難易度が下がったのかはわかりません。

Q8：わからない問題はどうしたらいいですか？

A8：誤謬率（不正解の割合のこと）は見られませんので、当てずっぽうでも全ての問題に答えましょう。

Q9：企業ごとにテストを毎回受けなければなりませんか？

A9：一度受けたテストの結果を、1年以内であれば他の企業に送ることもできます。予約サイトで操作してください。
　　その場合、最新の結果が送られます。前々回などの結果は送ることができません。

Q10：何点以下だったら受け直した方がいいですか？

A10：そもそもテスト結果は企業だけに届き、受検者には届きません。もう一度受けるかどうかは自己判断です。
　　なお、受け直した結果、前回よりも点数が低かったとしても、その結果が送られることになります。

テストセンター(リアル会場)で どれが使える？

①メモ帳　②絵ありシャーペン　③普通の定規　④消しゴム　⑤文字つき色ペン

上の私物の中で、テストセンター(リアル会場)で受検する際に使えるものはどれでしょうか？

うーん、②と④！

ブッブー。正解は「どれもダメ」です。
テストセンターでは私物の文房具は使えません。受付でメモ用紙2枚と筆記具2本を借りてそれを使用します。電卓も使えませんので、計算は筆算や暗算で行います。時間との戦いにもなりますので、この本に載っている問題を何度も解いて、類題を見たら「あ、これか！ バッチリ～♡」ぐらいになるといいですね。

どれも使えないのかぁ…じゃあイラスト要りませんでしたね…。

た、確かに。
ちなみに、オンライン会場で使用するA4のメモ用紙は、無地(罫線のみ可)限定です。

1問あたりの時間は?

「テストセンターは時間との戦い」とのことですが、1問あたりの時間はどのくらいですか?

問題によって異なります…が、画面を見ると目安がわかります。下を見てください。

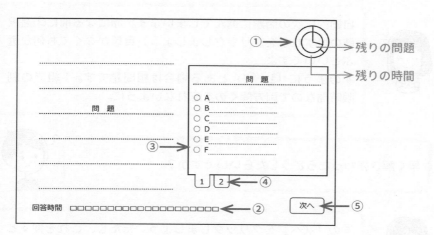

① ──→ 残りの問題
残りの時間

問　題

○ A
○ B
○ C
○ D
○ E
○ F

③ ──→

1　2　←── ④

回答時間 □□□□□□□□□□□□□□□□□ ←── ②

次へ ←── ⑤

うわ～。これがテストセンターの画面なんですね。

図の右上①が全体の制限時間を表します。時計回りに色が変わっていきます。

図の下側②は1問ごと(組問題の場合は1組ごと)の制限時間を表します。

左から□の部分が緑(大丈夫)→黄色(ちょっと急げ〜)→オレンジ(早くっ!)→赤(最後の□。タイムアップ)と変化していきます。

緊張しますね。赤になったらどうなるんですか?まさか爆発するとか…?

自動的に次の問題に進んでしまいます。赤になる前に③選択肢のいずれかをクリックしましょう。自信がなくても何か選ぶといいですよ。

④のように「1」「2」とある場合は組問題です。1組での制限時間なので両方解くのを忘れないように。

早く解き終わったらどうしたらいいですか?

⑤の「次へ」をクリックしましょう。ただし、これを押すと元の問題には戻れません。爆発もしません(組問題の「1」「2」は自由に切り替えOK)。

コツをつかんで計算

シリーズ

Point 「難しそう…」「ややこしそう…」と思われる問題も、表の描き方や式の立て方のコツをつかんでスッキリと解きましょう！

section 1

頻出度： ★★★　📊 ★★★　W ★★★
必要な復習：なし

集合　○×表を作るのだ！

1 ○×表とは？

～ 大学生 100 人に聞きました ～

SPI 非言語分野は好きですか？　「はい」…60 人

得意ですか？　「はい」…30 人

SPI 非言語分野が「好き」で「得意」な人は 20 人♪

皆さんも、就職に向けてガンバロー！！

○○大学就職課

このアンケート結果を大学で配られました。
私は SPI 非言語分野がキライだし苦手だし。私みたいな人は
もしかしたら大学で 1 人だけかもしれないと思って、これか
ら勉強を始めることにしました。

よい心がけですね。でも心配しなくて大丈夫。ゆいちゃんの
仲間はたくさんいますよ。

でも…いても 1 人か 2 人ぐらいだと思います…。

いやいや、もっとたくさんいますよ。
実際に何人いるのか、○×表を作って計算してみましょう。

○×表…ですか？　僕には初耳です。

次のような表が○×表です。
好きとキライの「○×」と、得意と苦手の「○×」、それから、
それぞれタテ・ヨコの合計が「計」です。
これを使ってアンケートを集計しましょう。

		○	×	計
	○	20		60
好き	×			
	計	30		100

（得意）

好きな人60人

全部で100人

得意な人30人

なるほどー。好きで得意な20人は、○と○のぶつかったところですね。キライで苦手な人は×と×のぶつかったところで、ゆいの「ゆ」と書いてあるところですね（下図）。

		○	×	計
	○	→20		60
好き	×		ゆ	
	計	30		100

（得意）

そのとーり！　ではこの表の空欄をうめたいと思います。
空欄を A、B、C、D として、まず、表をヨコに見てください。

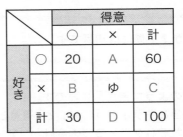

		得意		
		○	×	計
好き	○	20	A	60
	×	B	ゆ	C
	計	30	D	100

1行目：20＋A＝60 より、A＝60−20＝40
2行目：B+ゆ＝C で計算できないのでスルー。
3行目：1行目と同じように考えて、D＝100−30＝70

A と D に人数を記入して、今度は表をタテに見てみましょう。

先生、わかりました！　タテに見ると…。

		得意		
		○	×	計
好き	○	20	40	60
	×	B	ゆ	C
	計	30	70	100

1列目：B＝30−20＝10
2列目：ゆ＝70−40＝30
3列目：C＝100−60＝40

ということは、私の仲間が 30 人もいるんですね。

そうです。これが出来上がりの表です。意外に仲間が多いですね♪　仲間に負けないように頑張りましょう。

		得意		
		○	×	計
好き	○	20	40	60
	×	10	30	40
	計	30	70	100

次に、この「○×表」の描き方を紹介します。

2 ○×表の描き方

今日は「集合」の単元を勉強します。
集合とは、「クラス全体」「アンケートに答えた100人」「エビが好きな人」「自転車通学している人」といった「△△が☆☆人」など条件によって分けられたグループのことです。
そして、その中で、条件にあう人は何人いるかパパッと計算していきます。

パパッと計算‼　僕にはム〜リ〜です…。

足し算と引き算と、集合の味方「○×表」が描ければ大丈夫ですよ♪

23

○× 表の描き方

（１）まずタテに３本、ヨコに３本線を引いて枠を作ります。

（２）タテとヨコに「項目」（←前ページでは、ＳＰＩが「好き」と「得意」でしたね）と「○・×・計」を書きます。

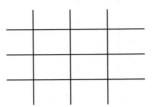

（３）表の中を①〜⑨とすると、タテとヨコはそれぞれ足し算ができます。

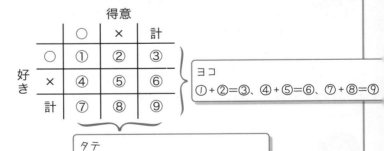

ヨコ
①＋②＝③、④＋⑤＝⑥、⑦＋⑧＝⑨

タテ
①＋④＝⑦、②＋⑤＝⑧、③＋⑥＝⑨

（４）問題文にある人数を表に記入して、タテやヨコの計算をして空欄を埋めましょう。

練習問題

問1 難易度：★☆☆

　50人のクラスの中で、犬好きな学生が36人、猫好きな学生が32人、犬も猫も好きではない学生が3人いた。犬と猫の両方が好きな学生は何人いるか。

A　18人　　B　19人　　C　20人　　D　21人　　E　22人

F　23人　　G　24人　　H　25人　　I　A～Hのいずれでもない

解き方

　まずは左下のような○×表を作って、右下のように問題文にある人数を埋めていきましょう。「犬と猫の両方が好き」は「犬○ 猫○」だから、①を求めればよいですね。

猫

	○	×	計
○	①	②	③
×	④	⑤	⑥
計	⑦	⑧	⑨

犬

→

猫

	○	×	計
○	①	②	36
×	④	3	⑥
計	32	⑧	50

犬

　右上の表をヨコに見ていきます。計算できるところから埋めていきます。計算できないところはスルーして、また後で戻ってきましょう。

$$①+② = 36$$
$$④+ 3 = ⑥$$ → スルー
$$⑧= 50 - 32 = 18$$

計算したらどんどん人数を書き入れましょう。

今度は前ページの右の表をタテに見ていきます。

$$①+④= 32 \cdots \text{スルー}$$
$$⑧ = 18 \text{ より、} ② = 18 - 3 = 15$$
$$⑥ = 50 - 36 = 14$$

ここまで求めた人数を記入したのが下の表です。

猫

	○	×	計
○	①	15	36
×	④	3	14
計	32	18	50

犬

またヨコに見て、先ほどスルーした箇所を計算します。

$$①= 36 - 15 = 21$$
$$④= 14 - 3 = 11$$

出来上がりの表は下のようになりますね。答えは 21 人で D になります。

猫

	○	×	計
○	21	15	36
×	11	3	14
計	32	18	50

犬

答え：D

①がわかれば OK なので、④は計算しなくても良いです。

問2　難易度：★☆☆

200人に兄と姉に関するアンケートを行った。兄がいる人は34人、姉がいる人は53人、兄も姉もいる人が8人であった。このとき、兄、姉のいずれか片方だけがいる人は何人か。

A　65人　　B　68人　　C　71人　　D　74人　　E　77人

F　80人　　G　83人　　H　86人　　I　A～Hのいずれでもない

解き方

問題文を元に○×表を作ると、次のようになります。

姉

兄		○	×	計
	○	8	②	34
	×	④	⑤	⑥
	計	53	⑧	200

　上の表で答えになるところを確認しましょう。兄、姉のいずれか片方だけいるのだから…「兄○ 姉×」の ②と、「姉○ 兄×」の④が該当しますね。②＋④を計算すればよいということです。

　ヨコに見ると ② = 34 − 8 = 26 となりますね。

　次の行はスルーして…といきたいところですが、ここでタテに注目しましょう。

　タテに見ると ④ = 53 − 8 = 45 ですね。

　いつもヨコを全部見てからタテを…ではなく、求めるところをなるべく要領よく計算できるようになると時間短縮につながります。

> ヨコ…② = 34 − 8 = 26　　タテ…④ = 53 − 8 = 45
> よって、② ＋ ④ = 26 + 45 = 71

答えは71人でCとなります。

答え：C

問3 難易度：★★☆

あるハンバーガーショップでは新製品 A と B を発売する。500 人を対象に新製品 A と B についてのモニター調査を行ったところ、以下のような結果になった。

新製品	項目	良い	悪い
A	味	410 人	90 人
A	価格	432 人	68 人
B	味	351 人	149 人
B	価格	228 人	272 人

(1) 新製品 A について、味も価格も「良い」と答えた人が 378 人いた。新製品 A の味も価格も「悪い」と答えた人は何人いるか。

A 36 人　　B 37 人　　C 38 人　　D 39 人　　E 40 人
F 41 人　　G 42 人　　H 43 人　　I A〜H のいずれでもない

(2) 新製品 A の味は「良い」が B の味は「悪い」と答えた人が 119 人いた。新製品 A の味は「悪い」が B の味は「良い」と答えた人は何人いるか。

A 55 人　　B 56 人　　C 57 人　　D 58 人　　E 59 人
F 60 人　　G 61 人　　H 62 人　　I A〜H のいずれでもない

=== 解き方 ===

(1) 新製品 A と B があって、味と価格があって、○×表を作るのが大変だと思うかもしれませんが、よーく問題を読んでみてください。(1) は「新製品 A」についてだけしか書いてありません。問題文の表をもとに、新製品 A についての味と価格の ○×表を改めて作ります。

新製品	項目	良い	悪い
A	味	410 人	90 人
A	価格	432 人	68 人
B	味	351 人	149 人
B	価格	228 人	272 人

→

A 価格

A 味		○	×	計
	○	378		410
	×			90
	計	432	68	500

前出の表を見てみましょう。左の表では味の「410・90」はヨコに並んでいるケド、右の表ではタテなので注意！

要領よく解いていきましょう。

A 価格

		○	×	計
A 味	○	378	①	410
	×		②	90
	計	432	68	500

① = 410 − 378 = 32
② = 68 − 32 = 36

よって、正解は A です。

答え：A

別 解

A 価格

		○	×	計
A 味	○	378		410
	×	①	②	90
	計	432	68	500

① = 432 − 378 = 54
② = 90 − 54 = 36

=== 解き方 ===

（2）今度はAとBについての問題ですが、「味について」だけしか書いていません。AとBの味についての○×表を作りましょう。

新製品	項目	良い	悪い
A	味	410人	90人
	価格	432人	68人
B	味	351人	149人
	価格	228人	272人

→

		B味 ○	×	計
A味	○		119	410
	×	②	①	90
	計	351	149	500

①= 149 － 119 = 30
②= 90 － 30 = 60

「A○ B○」から進めても OK ですが、こっちの方が少し計算が楽ですね。

よって、正解は F です。

=== 答え：F ===

解き方の確認

✔ 必要な項目の○×表を作る

✔ タテ＆ヨコで要領よく計算する

問4 難易度：★★☆

ある大学の1、2年生各100人に、通学手段として「電車」「バス」を利用しているか調査したところ、次のような結果となった。

通学手段		1年生	2年生
電車	利用している	67人	82人
	利用していない	33人	18人
バス	利用している	41人	48人
	利用していない	59人	52人

電車のみを利用している1年生は53人、電車もバスも利用している2年生は36人いた。このとき、バスだけを利用している学生は合計で何人いるか。

A　39人　　B　41人　　C　43人　　D　45人　　E　47人
F　49人　　G　51人　　H　53人　　I　A～Hのいずれでもない

解き方

電車とバスについての○×表を作りましょう。求める人数は2学年の合計となっていますが、条件は「1年生53人」「2年生36人」とあるので、次のような学年別の表が必要になります。

1年生

電車＼バス	○	×	計
○		53	67
×	②	①	33
計	41	59	100

2年生

電車＼バス	○	×	計
○	36		82
×	③		18
計	48	52	100

バスだけを利用している学生の合計は、②＋③で求められますね。

```
1年生…①＝ 59 － 53 ＝ 6　②＝ 33 － 6 ＝ 27
2年生…③＝ 48 － 36 ＝ 12
合計…②＋③＝ 27 ＋ 12 ＝ 39
```

よって、答えはAです。

答え：A

問5 難易度： ★★★

映画 A、B、C を観たかどうか、街頭で 200 人に調査したところ、A は 86 人、B は 125 人、C は 93 人が観たことが分かった。また、映画 B を観た人のうち、$\frac{3}{5}$ が映画 A も観ていた。

（1）映画Aは観たが映画Bは観ていない人は何人いるか。

A　9人	B　10人	C　11人
D　12人	E　13人	F　14人
G　15人	H　A〜Gのいずれでもない	

（2）映画A、Bともに観ていないが映画Cは観た人は、3つとも観ていない人の3倍いた。3つとも観ていない人は何人いるか。

A　16人	B　18人	C　20人
D　22人	E　24人	F　26人
G　28人	H　A〜Gのいずれでもない	

═══ 解き方 ═══

（1）映画AとBに関する○×表を作ります。

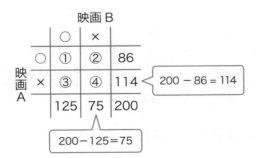

求める人数は②ですが、タテヨコともにこのままでは計算できませんね。

問題文を見てみましょう。「映画 B を観た人のうち、$\frac{3}{5}$ が映画 A も観ていた」とあります。映画 B を観た 125 人のうち、$\frac{3}{5}$ が①の人数ということです。

①を先に計算してから②を求めましょう。

$$① = 125 \times \frac{3}{5} = 75$$
$$② = 86 - 75 = 11$$

よって、正解は C です。

┃┃┃ **答え：C** ┃┃┃

（2）映画 A、B だけでなく、C も考えないといけませんね。（1）の表をうまく使って解くことにしましょう！

「3つとも観ていない人（A× B× C×）」を x 人とします。「映画 A、B ともに観ていないが映画 C は観た人（A× B× C○）」は、その3倍だから $3x$ 人と表すことができます。

この人たちは（1）の表のどこにいるでしょうか？ どちらも「A× B×」で、④にいます。④を、映画 C を観たかどうかで x 人と $3x$ 人の2つにわかれると考えると、④ = $x + 3x$ となります。

$$④ = 75 - ② = 75 - 11 = 64(人)\ より、$$
$$x + 3x = 64$$
$$4x = 64$$
$$x = 16$$

よって、3つとも観ていない人は 16 人となり、正解は A です。

┃┃┃ **答え：A** ┃┃┃

詳しい解説は特典動画にありますので参考にしてくださいね。

頻出度： ★★★　テ ★★★　Ｗ ★★★
必要な復習：分数の計算、Ｐ・Ｃの計算

順列・組合せ

PとCを
使いこなそう

1　ＰとＣの計算

今日は順列・組合せの勉強です。

「～通り」という答えを出す問題ですね。

そうです。
Ｐ（Permutation; 順列という意味）と C（Combination; 組合せという意味）の公式がありましたね。

覚えているような…覚えてないような…。

OK。それでは例を元に計算の方法を確認してみましょう。

1
日目

その1 6人の中から3人並べるとき、並べ方は何通りか?

6スタートで3つかける（1ずつ減らして）

$$_6P_3 = 6 \times 5 \times 4 = 120（通り）$$

 左の数字がスタート、右の数字の分だけ掛けるよ。

その2 6人の中から3人選ぶとき、選び方は何通りか?

6スタートで3つ掛ける（1ずつ減らして）

$$_6C_3 = \frac{6 \times 5 \times 4}{3 \times 2 \times 1} = 20（通り）$$

3スタートで3つ掛ける（1ずつ減らして）

 分母（下）は右の数字だけを使うのね。分子（上）はPと同じ。

 巻末の復習コーナーにもPとCの計算を載せてあるので、参考にしてくださいね。

分かりました。練習します！ PとCの使い方はどのように違うのですか?

 P…並べる。役職（議長、副議長等）が決まっている。順序が決まっている。
C…選ぶだけ。順番を考えない。
つまり、選んだ後に並べたり役職を決めたり順序を決めたりするのがP、選んで終了がCです。例題で確認しましょう。

例 題 ≻≻≻≻≻≻≻≻≻≻≻≻≻≻≻≻≻≻≻≻≻≻≻≻≻≻≻≻≻≻≻≻≻≻≻≻≻≻≻

次の中で「何通りか」を求めるのに $_8C_2$ で計算するのはどれでしょう。

① 8 人の中から班長と副班長を決める。

② 8 角形の頂点から 2 つ頂点を選ぶ。

③ 8 人の中からリレーの選手を 2 人（第 1 走者と第 2 走者）決める。

④ 8 人の中から玉入れの選手を決める。

≺≺

①は 2 人選んだ後に班長と副班長を決めるから $_8P_2$
③は選んでから走る順序を決めるから $_8P_2$
②と④は選んで終了だから $_8C_2$…よって②と④です。

大正解！　ちなみに答えは、
①＆③： $_8P_2 = 8 \times 7 = 56$（通り）
②＆④： $_8C_2 = \dfrac{8 \times 7}{2 \times 1} = 28$（通り）

解き方の確認

✔ 選んだ後に並べる、役職を決める、順序を決める…P

✔ 選んで終了…C

② 条件が２つあるとき

ここに「Ｐちゃんマスコット」が３種類と、「Ｃちゃんマスコット」が２種類あります。Ｐちゃんを１個またはＣちゃんを１個をもらえます。
選び方は何通りありますか？

「いらない」という選択肢はないですか？　あまりかわいくないし…。

ないです（きっぱり）。

そうしたら…単純に５通りです。

そうですね。Ｐちゃんが３通り、Ｃちゃんが２通りで、全部で５通りです。

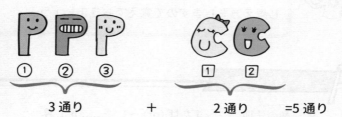

では、Ｐちゃんを１個、かつ、Ｃちゃんを１個をもらえます。
選び方は何通りありますか？

Pちゃんの選び方が3通りで、それぞれにCちゃんが2通りずつあるから、6通りです。

正解です。下のように考えればよいですね。

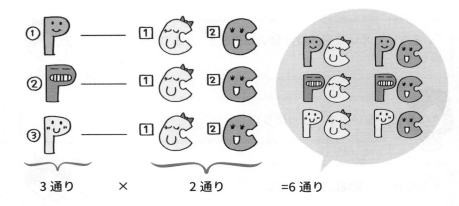

3通り　×　2通り　=6通り

このように条件が2つ以上ある場合、「〜または（or）〜」は足し算、「〜かつ（and）〜」は掛け算で計算します。これをそれぞれ和の法則、積の法則といいます。確率でも同じ考え方をしますので覚えておきましょう。

解き方の確認

✔ **和の法則**　「〜または (or) 〜」.......... 足し算

✔ **積の法則**　「〜かつ (and) 〜」........... 掛け算

練習問題

問1　難易度：★☆☆

（1）4人で横一列に並んで写真を撮るとき、並び方は何通りあるか。

A　24通り　　B　36通り　　C　48通り　　D　60通り

E　A〜Dのいずれでもない

（2）10曲の歌の中から好きな歌を3曲選ぶとき、選び方は何通りあるか。

A　96通り　　B　120通り　　C　360通り　　D　720通り

E　A〜Dのいずれでもない

（3）トップス6枚、ボトムス5枚からそれぞれ1枚ずつ選んでコーディ
ネートすると、何通りのコーディネートができるか。

A　11通り　　B　20通り　　C　30通り　　D　120通り

E　A〜Dのいずれでもない

解き方

PとCの使い分けができるかがポイントです。

　選んで終了なのか（C）、選んだ後に順序を決めたり…なのか（P）見分けられるようになりましょう。

（1）4人全員で並ぶので「4人から4人選んで並ぶ順序を決める」と考え、Pを使いましょう。

$$_4P_4 = 4 \times 3 \times 2 \times 1 = 24 \text{（通り）}$$

答え：A

（2）3曲選んで終了なのでCを使いましょう。

$$_{10}C_3 = \frac{10 \times 9 \times 8}{3 \times 2 \times 1} = 120 \text{（通り）}$$

答え：B

（3）（トップスを6枚から1枚選ぶ）and（ボトムスを5枚から1枚選ぶ）
だからCを使いましょう。

$$_6C_1 \times _5C_1 = 6 \times 5 = 30 \text{（通り）}$$

答え：C

別解

単純に（6枚から1枚選ぶのは6通り）and（5枚から1枚選ぶのは5通り）
と考えて、Cを使わずに $6 \times 5 = 30$ 通りでもOK。

問2 難易度：★☆☆

男子5人、女子6人の班があり、代表者を選ぶことになった。

（1）この中から2人選ぶとき、選び方は何通りか。

A　45通り　　B　55通り　　C　99通り　　D　110通り

E　A〜Dのいずれでもない

（2）男子から3人選ぶとき、選び方は何通りか。

A　10通り　　B　15通り　　C　20通り　　D　25通り

E　A〜Dのいずれでもない

（3）男子から2人、女子から3人選ぶとき、選び方は何通りか。

A　30通り　　B　50通り　　C　120通り　　D　144通り

E　A〜Dのいずれでもない

（4）この中から5人選ぶとき、男子が4人以上になる選び方は何通りか。

A　12通り　　B　20通り　　C　31通り　　D　40通り

E　A〜Dのいずれでもない

--- 解き方 ---

選ぶだけなので、C を使いましょう。

（1）合計11人の中から2人選ぶので、

$$_{11}C_2 = \frac{11 \times 10}{2 \times 1} = 55 \text{（通り）}$$

ここから2人

答え：B

（2）男子5人の中から3人選ぶので、

$$_5C_3 = \frac{5 \times 4 \times 3}{3 \times 2 \times 1} = 10 \text{（通り）}$$

ここから3人

答え：A

（3）（男子5人の中から2人）and（女子6人の中から3人）選ぶので、

$$_5C_2 \times {}_6C_3 = \frac{5 \times 4}{2 \times 1} \times \frac{6 \times 5 \times 4}{3 \times 2 \times 1}$$

$$= 10 \times 20 = 200（通り）$$

ここから2人 and ここから3人

答え：E

（4）5人の組合せは、「男子4人と女子1人」か、「男子5人のみ」のどちらか
となりますね。（男子5人の中から4人and女子6人の中から1人）or（男子5人
の中から5人）選ぶので、

$$(_5C_4 \times {}_6C_1) + (_5C_5)$$

$$= (\frac{5 \times 4 \times 3 \times 2}{4 \times 3 \times 2 \times 1} \times \frac{6}{1}) + \frac{5 \times 4 \times 3 \times 2 \times 1}{5 \times 4 \times 3 \times 2 \times 1}$$

$$= 5 \times 6 + 1 = 31（通り）$$

答え：C

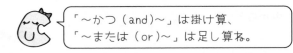

「～かつ（and）～」は掛け算、
「～または（or）～」は足し算ね。

問3 難易度：★★☆

男子7人、女子4人の班があり、代表者を3人選ぶことになった。このとき、男子を少なくとも1人選ぶとすると、選び方は何通りあるか。

A　194通り　　B　189通り　　C　175通り　　D　161通り

E　A～Dのいずれでもない

===== 解き方 =====

男子を少なくとも1人選ぶということは、「男子1人 and 女子2人」or「男子2人 and 女子1人」or「男子3人のみ」を選ぶと考えなければなりません。計算がかなり大変です。

ここでコツを1つお伝えしましょう。「少なくとも～」というフレーズが出てきたときには、全体からダメな場合を引く方法があります。つまり…

> ### コツ 👧👵
>
> ▶ 男子を少なくとも1人選ぶ ＝ 男子を選ばないのはダメ
>
> ＝ 女子だけ選ぶのはダメ より、
>
> ▶ 全体ー女子だけを選ぶ場合 を計算すればよい

ということです。

「全体」は、「男子7人、女子4人（計11人）から代表者を3人選ぶ」と考えましょう。

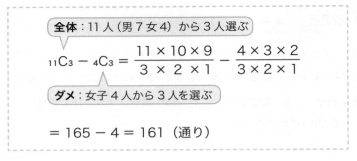

よって、正解は D です。

▦ **答え：D** ▦

最初に出した「男子 1 人 and 女子 2 人」or「男子 2 人 and 女子 1 人」or「男子 3 人のみ」を選ぶという方法でも解いてみます。

$$_7C_1 \times {}_4C_2 + {}_7C_2 \times {}_4C_1 + {}_7C_3$$

$$= \frac{7}{1} \times \frac{4 \times 3}{2 \times 1} + \frac{7 \times 6}{2 \times 1} \times \frac{4}{1} + \frac{7 \times 6 \times 5}{3 \times 2 \times 1}$$

$$= 7 \times 6 + 21 \times 4 + 35$$

$$= 42 + 84 + 35 = 161 \ （通り）$$

かなり面倒な計算になりますね。

> ✔ 「少なくとも〜」の計算は、全体からダメな場合を引く

問 4　難易度：★★★

（1）1、2、3、4 の 4 つの数字が書かれたカードが 1 枚ずつある。これらを使って 3 ケタの整数を作るとき、整数は何通りできるか。

A　24 通り　　B　36 通り　　C　48 通り　　D　60 通り
E　A〜D のいずれでもない

（2）0、1、2、3 の 4 つの数字が書かれたカードが 1 枚ずつある。これらを使って 3 ケタの整数を作るとき、整数は何通りできるか。

A　12 通り　　B　15 通り　　C　18 通り　　D　24 通り
E　A〜D のいずれでもない

（3）0、1、2、3 の 4 つの数字が書かれたカードが 1 枚ずつある。これらを使って 3 ケタの整数を作るとき、220 以上の整数は何通りできるか。

A　6 通り　　B　8 通り　　C　10 通り　　D　12 通り
E　A〜D のいずれでもない

解き方

（1）先に問題の意味を確認しておきましょう。

例えば「2」「4」「1」のカードを選んで左から百の位、十の位、一の位と並べると「241」という整数ができます。

同様に、「1」「3」「2」と左から並べれば「132」という整数になります。

すなわち、4 枚のカードから 3 枚選んで、左から並べていけばよいのです。

選んでから並べるので P を使います。

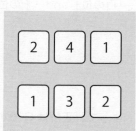

$$_4P_3 = 4 \times 3 \times 2 = 24 \text{（通り）}$$

よって、正解は A です。

答え：A

（2）（1）との違いは何でしょう…？

「0」に注目しましょう。例えば「0」「3」「2」と左から並べると「032」となり、これは3ケタの整数とはいえません。百の位に「0」はNGということです。

ややこしくなりそうなので、百の位から1つずつ考えていきます。

> **百の位** …「0」以外の3枚から選んで3通り

> **十の位** …百の位で使ったカード以外の3枚から選んで3通り

> **一の位** …百の位と十の位で使ったカード以外の2枚から選んで2通り

> 例えば百の位で「3」を使うと、十の位では残りの「0」「1」「2」の3枚から選ぶということです。

「百の位」and「十の位」and「一の位」と考えて、

$$3 × 3 × 2 = 18（通り）$$

よって、正解はCです。

> **答え：C**

（3）220以上ということは、「2」「3」と左から並べて「23□」とするか、百の位を「3」にして「3□□」とするということです。□に入る数字を考えましょう。

- 「23□」のとき

  一の位 …「0」か「1」を選んで<u>2通り</u>

- 「3□□」のとき

  十の位 …「3」以外の3枚から選んで3通り

  一の位 …「3」と十の位で使ったカード以外の2枚から選んで2通り

  「十の位」and「一の位」と考えて、3×2＝<u>6通り</u>

よって、「23□」or「3□□」となるのは、

$$2 + 6 = 8（通り）$$

となり、正解はBです。

答え：B

問5　難易度：★★★

P、Q、R、S、T、U の 6 人が次図のような円卓の席についた。

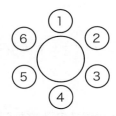

（1）P が①の席についたとき、席の決め方は何通りあるか。

A　24 通り　　　B　60 通り　　　C　96 通り　　　D　120 通り

E　A～D のいずれでもない

（2）Q が③の席についた。Q と R が向かい合わないように座ると、席の決め方は何通りあるか。

A　48 通り　　　B　72 通り　　　C　96 通り　　　D　120 通り

E　A～D のいずれでもない

=== 解き方 ===

（1）P の席は①に決まっているので、席を決める話し合いに入る必要はありませんね。

残りの 5 人を②～⑥の順に並べると考え、P で計算しましょう。

$$_5P_5 = 5 \times 4 \times 3 \times 2 \times 1 = 120（通り）$$

よって、正解は D です。

答え：D

（2）Qの席は③に決まっているのでOK。次に、「Qと向かい合わない」という条件があるRを考えると、Rが座れる席は⑥以外（①、②、④、⑤）の4通りありますね。

QとRに先に座ってもらい、残りの4人はあいている席に順に座っていくと考えると、

R┄┈　　┄┈残りの4人

$$4 \times {}_4P_4 = 4 \times (4 \times 3 \times 2 \times 1) = 96(通り)$$

よって、正解はCです。

答え：C

section **3**

頻出度： ★★★　📄 ★★★　W ★★★
必要な復習：分数の計算

確 率　全部で何通り？ そのうち何通り？

① 残り物に福はあるのか？

> ゆいちゃん、今日は浮かない顔をしていますがどうしましたか？

> 実はゼミのリーダーになっちゃったんです。
> 5人でくじを引いたんです。「残り物には福がある」っていうから最後に引いたのに、福はなかったんです～。
> 最初に引けばよかったです。

> くじ引きで当たる確率は何番目に引いても同じですよ。

> え？　そうなんですか？

> では、全員の確率を計算してみましょう。

2 くじ引きの計算

ある事柄に対して、$\dfrac{\text{そのうち何通りあるか}}{\text{全部で何通りあるか}}$（←分数）を確率といいます。
今回は5本のくじの中に当たり（リーダー）は1本ですね。
最初に引いた人が当たる確率はどうなりますか？

当たり

5本のうち当たりが1本だから$\dfrac{1}{5}$です。

そうですね。ちょっとくどい言い方をすると、くじは全部で5通り、そのうち当たりが1通りだから、確率は$\dfrac{1}{5}$になります。
では2番目の人が当たる確率はどうでしょう？「最初の人がはずれ、かつ（and）2番目の人が当たる」と考えると次のようになります。

5本のうちはずれ4本

$$\text{2番目の人が当たる確率}=\dfrac{4}{5}\times\dfrac{1}{4}=\dfrac{1}{5}$$

残り4本のうち当たり1本

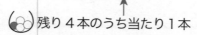
順列・組合せと同様に、「～かつ（and）～」は掛け算、「～または（or）～」は足し算をします。

他の人の確率についても同様に考えましょう。

5本のうちはずれ4本

残り3本のうち当たり1本

3 番目の人が当たる確率 $= \dfrac{4}{5} \times \dfrac{3}{4} \times \dfrac{1}{3} = \dfrac{1}{5}$

残り4本のうちはずれ3本

5本のうちはずれ4本

残り3本のうちはずれ2本

4 番目の人が当たる確率 $= \dfrac{4}{5} \times \dfrac{3}{4} \times \dfrac{2}{3} \times \dfrac{1}{2} = \dfrac{1}{5}$

残り2本のうち当たり1本

残り4本のうちはずれ3本

5本のうちはずれ4本

残り3本のうちはずれ2本

5 番目の人が当たる確率 $= \dfrac{4}{5} \times \dfrac{3}{4} \times \dfrac{2}{3} \times \dfrac{1}{2} \times \dfrac{1}{1} = \dfrac{1}{5}$

残り1本でその1本が当たり

残り2本のうちはずれ1本

残り4本のうちはずれ3本

全員同じ確率でしたね。

解き方の確認

✔ 確 率 $= \dfrac{\text{そのうち何通りあるか}}{\text{全部で何通りあるか}}$

練習問題

問 1　難易度：★☆☆

大小 2 つのサイコロを同時に投げる。

(1) 出た目の和が 9 になる確率はどれか。

A $\dfrac{1}{6}$　　B $\dfrac{1}{4}$　　C $\dfrac{1}{9}$　　D $\dfrac{1}{12}$

E　A 〜 D のいずれでもない

(2) 出た目の和が 5 以下になる確率はどれか。

A $\dfrac{1}{6}$　　B $\dfrac{5}{6}$　　C $\dfrac{5}{18}$　　D $\dfrac{1}{4}$

E　A 〜 D のいずれでもない

(3) 出た目の積が偶数になる確率はどれか。

A $\dfrac{1}{6}$　　B $\dfrac{3}{4}$　　C $\dfrac{1}{4}$　　D $\dfrac{5}{6}$

E　A 〜 D のいずれでもない

解き方

(1)

用語確認　和 →足し算の答え。引き算の答えは 差、掛け算の答えは 積、割り算の答えは 商 です。

　2 つのサイコロを投げる問題は次のような表を作ると便利です。この表より、サイコロの目の出方は、6 × 6 = 36 より全部で 36 通り。目の和が 9 になるところに○をつけると、○は 4 個で 4 通りだとわかります。

	1	2	3	4	5	6
1						
2						
3						○
4					○	
5				○		
6			○			

$$\frac{4}{36} = \frac{1}{9}$$

よって、正解は C です。

答え：C

(2)

 5 以下…5、4、3、2、1。5 も含まれます。「5未満」というと、5 は含まず4、3、2、1となります。

（1）と同様に表を作ります。目の和が5以下になるところに○をつけると、○は10個ですね。

	1	2	3	4	5	6
1	○	○	○	○		
2	○	○	○			
3	○	○				
4	○					
5						
6						

$$\frac{10}{36} = \frac{5}{18}$$

よって、正解は C です。

答え：C

（3）またまた表を作ります。○は27個あります。

	1	2	3	4	5	6
1		○		○		○
2	○	○	○	○	○	○
3		○		○		○
4	○	○	○	○	○	○
5		○		○		○
6	○	○	○	○	○	○

$$\frac{27}{36} = \frac{3}{4}$$

よって、正解は B です。

答え：B

偶数は 2 で割り切れる数 (2,4,6……) のこと。
少なくとも 1 つの目が偶数だと、積は偶数になりますね。

問2 難易度：★☆☆

(1) 当たりくじが3本、はずれくじが5本、袋に入っている。これをP
とQが順に引くとき、2人とも当たる確率はどれか。ただし、引い
たくじは元に戻さないとする。

A $\dfrac{3}{4}$ B $\dfrac{45}{56}$ C $\dfrac{3}{28}$ D $\dfrac{9}{64}$ E $\dfrac{3}{32}$

F A～Eのいずれでもない

(2) 当たりくじが3本、はずれくじが5本、袋に入っている。これをP
とQが順に引くとき、2人とも当たる確率はどれか。ただし、引い
たくじは元に戻すとする。

A $\dfrac{3}{4}$ B $\dfrac{45}{56}$ C $\dfrac{3}{28}$ D $\dfrac{9}{64}$ E $\dfrac{3}{32}$

F A～Eのいずれでもない

=== 解き方 ===

(1)

 Pが当たり…   8本（←当たり3＋はずれ5）のうち
当たりは3本だから $\dfrac{3}{8}$

　ここで、引いたくじは元に戻さないので、箱の中身は減り、当たりくじが2本、
はずれくじが5本になります。

 Qも当たり… 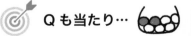   7本（←当たり2＋はずれ5）のうち
当たりは2本だから $\dfrac{2}{7}$

　よって、「Pが当たり」かつ（and）「Qも当たり」となる確率は、

$$\frac{3}{8} \times \frac{2}{7} = \frac{3}{28}$$

となり、正解は C です。

(2)

 P が当たり… 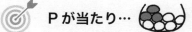　8 本（←当たり 3 ＋はずれ 5）のうち当たりは 3 本だから $\frac{3}{8}$

ここで、引いたくじは元に戻すので、箱の中身は最初と同じ状態になります。

 Q も当たり… 　8 本（←当たり 3 ＋はずれ 5）のうち当たりは 3 本だから $\frac{3}{8}$

よって、「P が当たり」かつ（and）「Q も当たり」となる確率は、

$$\frac{3}{8} \times \frac{3}{8} = \frac{9}{64}$$

となり、正解は D です。

答え：D

解き方の確認

✔ くじを元に戻さないと、箱の中身は減る

✔ くじを元に戻すと、箱の中身は最初と同じ

✔ 「～かつ (and) ～」は掛け算

問3　難易度：★★☆

赤い球が4個、白い球が5個、袋に入っている。この中から同時に2個取り出す。

（1）2個とも白い球になる確率はどれか。

A　$\dfrac{5}{18}$　　B　$\dfrac{4}{9}$　　C　$\dfrac{5}{9}$　　D　$\dfrac{25}{81}$　　E　$\dfrac{41}{81}$

F　A～Eのいずれでもない

（2）2個とも同じ色になる確率はどれか。

A　$\dfrac{5}{18}$　　B　$\dfrac{4}{9}$　　C　$\dfrac{5}{9}$　　D　$\dfrac{25}{81}$　　E　$\dfrac{41}{81}$

F　A～Eのいずれでもない

（3）少なくとも1個は赤い球になる確率はどれか。

A　$\dfrac{5}{18}$　　B　$\dfrac{4}{9}$　　C　$\dfrac{5}{9}$　　D　$\dfrac{13}{18}$　　E　$\dfrac{41}{81}$

F　A～Eのいずれでもない

解き方

（1）同時に…といっても少しは時間差があって、1個取り出して元に戻さずマッハで次を取り出す！　というイメージで考えるといいですよ。

 9個のうち白球5個

$$2個とも白い球になる確率 = \dfrac{5}{9} \times \dfrac{4}{8} = \dfrac{5}{18}$$

 残り8個のうち白球4個

答え：A

（2）**2個とも同じ色**…つまり2個とも赤球か2個とも白球ですね。

「1個目赤」かつ（and）「2個目赤」 or 「1個目白」かつ（and）「2個目白」

と考えると、

9個のうち赤球4個 ···   ··· 9個のうち白球5個

$$2個とも同じ色になる確率 = \frac{4}{9} \times \frac{3}{8} + \frac{5}{9} \times \frac{4}{8} = \frac{12}{72} + \frac{20}{72} = \frac{32}{72} = \frac{4}{9}$$

残り8個のうち赤球3個 ···   ··· 残り8個のうち白球4個

答え：B

（3）　「少なくとも」というフレーズに見覚えがありませんか？　「section2 順列・組合せ」の問3に登場しましたね。ここでも、全体からダメな場合を引く方法で解きましょう。

確率では全体＝1です。ダメな場合は2個とも白い球になる確率で、これは（1）で計算しましたね。

全体：1 ···

$$少なくとも1個は赤い球になる確率 = 1 - \frac{5}{18} = \frac{18}{18} - \frac{5}{18} = \frac{13}{18}$$

ダメ：2個とも白 ···

答え：D

この問題は組合せ（Cの計算）を使って解くこともできます。
詳しくは特典の「動画解説」をご覧ください☆

解き方の確認

✔「～または（or）～」は足し算
✔「少なくとも～の確率」＝1（全体）－ダメな場合

問4 難易度：★★★

あるライブチケットの販売にあたり抽選会が行われた。ライブは午前と午後の計2回あり、当選する確率は、午前が0.2、午後が0.1である。

午前と午後の両方に申し込みをした人が、いずれか片方だけ当選する確率はどれか。

A　0.02　　　　　B　0.15　　　　　C　0.26　　　　　D　0.38
E　A～Dのいずれでもない

=== 解き方 ===

確率が小数で表された問題です。あまり見慣れないかもしれませんが、分数と同じように考えましょう。

いずれか片方だけ当たるということは、

「午前当たり」かつ (and)「午後はずれ」　or　「午前はずれ」かつ (and)「午後当たり」

ですね。

はずれる確率は、1 (全体) から当たりの確率を引いて、次のようになります。

- **午前はずれる確率** ＝ 1 － 0.2 ＝ 0.8
- **午後はずれる確率** ＝ 1 － 0.1 ＝ 0.9

よって、求める確率は

午前当たり‥　　　　　‥午前はずれ

$$0.2 \times 0.9 + 0.8 \times 0.1 = 0.18 + 0.08 = 0.26$$

午後はずれ‥　午後当たり‥

となり、正解は C です。

答え：C

DAY 2

身近な計算

シリーズ

Point

割り勘、割引、分割払いなど、日常生活を思い浮かべながら解きましょう！ 仕事算もきびだんごを作るイメージを頭に思い浮かべてくださいね。

代金精算
払った金額と
割り勘の差額なのだ

① 割り勘しよう

母の誕生日に、弟とプレゼントをすることにしました。
私がスムージーミキサー、弟がエプロンを買ったのですが、
ちょっと困ったことが…。

お母さんも嬉しいでしょうね。
困ったこととは…どうしたのですか？

プレゼントを一緒に渡して、かかったお金を割り勘にしよう
と思うのですが、どうやって計算したらいいかよくわからな
いんです。

なるほど。プレゼントはそれぞれいくらしたのですか？

スムージーミキサーは 2500 円、エプロンは 1680 円です。合計で 4180 円だから、2 で割って 2090 円ずつだというところまでわかりました。弟からいくらもらえばいいのでしょうか。

そこまでの計算は OK です。では、ゆいちゃんはなぜ弟くんからお金をもらう方の立場だとわかったのですか？

だって、私の方が多く支払っていて不公平だから…。

そうですね。そこまでわかればあと少しです。割り勘に対していくら多く払っていたのか、その差額を計算しましょう。ゆいちゃんは割り勘 2090 円に対して、すでに 2500 円支払っているのだから、

$$2500 - 2090 = 410 \text{（円）}$$
（払った金額）（割り勘）

410 円多く払っています。この分を弟くんからもらえばいいんです。

逆に、弟は、割り勘 2090 円に対して 1680 円しか払っていないのだから、

$$2090 - 1680 = 410 \text{（円）}$$
（割り勘）（払った金額）

410 円少ないわけですね。私に 410 円支払わなければいけないんですね。

そうです。これで2人とも2090円支払ったことになり、不公平でなくなりますね。

410円

2 代金の精算の仕方

💡POINT解説

代金の精算は以下の手順で計算しましょう。

（1）いくらかかったのか…合計を計算
　　　2500 ＋ 1680 ＝ 4180(円)

（2）1人あたりいくら払うべきか…合計÷人数＝割り勘
　　　4180 ÷ 2 ＝ 2090(円)

（3）払った金額と割り勘の差額を計算する

　　2500 － 2090 ＝ 410(円)

　　　　→多く払っている→410円もらう

　　　　　　払いすぎて不公平!!

　　2090 － 1680 ＝ 410(円)

　　　　→少なく払っている→410円払う

　　　　　　足りない分を払わねばっ!!

…これで2人とも2090円支払ったことになりますね。

（4）まとめ

割り勘よりも多く支払ったとき
→（差額）＝（払った金額）−（割り勘）＝（もらう金額）

割り勘よりも少なく支払ったとき
→（差額）＝（割り勘）−（払った金額）＝（さらに支払う金額）

少なく払った人が、多く払った人に払えばいいってことですね。弟に請求しなくちゃ！

問1　難易度：★☆☆

　X、Y、Zの3人で友人の結婚祝いをすることになった。Xが9000円のプレゼントを買い、Yが食事代4800円を支払った。これらを3人が同額ずつ負担するとき、Zは誰にいくら支払えばよいか。

A　Xに4000円、Yに600円 　　B　Xに4100円、Yに500円

C　Xに4200円、Yに400円 　　D　Xに4300円、Yに300円

E　Xに4400円、Yに200円 　　F　A〜Eのいずれでもない

解き方

人数が増えても考え方は同じです。

$\boxed{合　計} ⇒ \boxed{割り勘}$ の手順で計算しましょう。

$\boxed{合　計}$ …9000 ＋ 4800 ＝ 13800（円）

（プレゼント代と食事代）

$\boxed{割り勘}$ …13800 ÷ 3 ＝ 4600（円）

（3人）

X、Y、Zそれぞれの支払った金額と割り勘の比較をします。

 9000 － 4600 ＝ 4400（円）多く支払っている
➡ 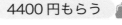 4400円もらう

 4800 － 4600 ＝ 200（円）多く支払っている
➡ 200円もらう

 まだ支払っていない
➡ 4600円支払う

　3人のうち、もらうのはXとYの2人、払うのはZ1人なので、Zが4600円のうち、Xに4400円、Yに200円支払い、お金の動きは次のようになります。よって、正解はEです。

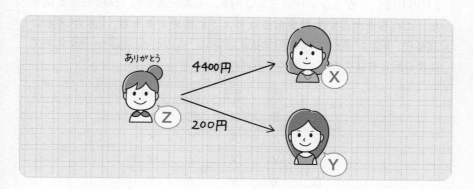

答え：E

> ## 解き方の確認
>
> ✔ 合計、割り勘、支払った金額と割り勘の差額を計算
> ✔ 多く支払っていたら「もらう」、少なく支払っていたら「支払う」

問2 難易度：★☆☆

　X、Y、Zの3人でカラオケとランチに行った。Xがカラオケ代の2100円を、Yがランチ代の3600円を、Zが交通費の1500円を支払った。これらを全員が同額負担となるように精算するとき、ア が イ に300円、ウ が エ に900円支払えばいい。このとき、ア ～ エ にあてはまる組合せは次のA～Fのうちどれか。

	ア	イ	ウ	エ
A	Z	X	Z	Y
B	Z	X	Y	X
C	Y	X	Y	Z
D	X	Y	Z	Y
E	X	Y	X	Z
F	Y	X	Z	X

=== 解き方 ===

　問1では、支払う人が1人でしたが、この問題は支払う人が2人です。答え方の形式は変わりましたが、解き方は同じです。

合　計 …2100 ＋ 3600 ＋ 1500 ＝ 7200（円）

割り勘 …7200 ÷ 3 ＝ 2400（円）

　X、Y、Zそれぞれの支払った金額と割り勘の比較をします。

2400 − 2100 = 300（円）少なく支払っている
➡ 300 円払う

  3600 − 2400 = 1200（円）多く支払っている
➡ 1200 円もらう

  2400 − 1500 = 900（円）少なく支払っている
➡ 900 円払う

XがYへ300円、ZがYへ900円支払うと、Yは合計で1200円もらうことになりますね。

よって、ア = X、イ = Y、ウ = Z、エ = Y となり、正解は D です。

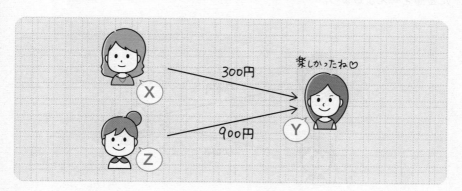

答え：D

69

| 問3 | 難易度： ★★☆ |

　X、Y、Zの3人で持ち寄りパーティをした。Xが2500円のピッツァを、Yが500円のジュースを買い、Zが買ってきたケーキと合わせて3人で同額になるようにしたところ、YがXに700円、ZがXに600円支払って精算が終わった。Zが買ったケーキはいくらか。

A　600円　　B　650円　　C　700円　　D　750円　　E　800円
F　850円　　G　900円　　H　950円　　I　A〜Hのいずれでもない

═══════════════ 解き方 ═══════════════

　Zのケーキ代がわからないので、割り勘がいくらか不明ですね。先に精算した金額を考えましょう。

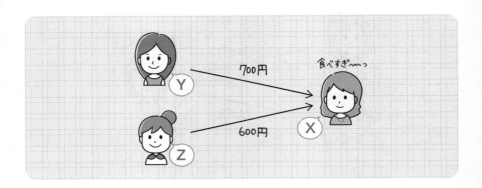

　これで精算が終わったので、XとYは実際にいくら払ったことになるのか考えてみましょう。
　Xは2500円のピッツァを買い、Yから700円とZから600円、合計1300円もらいました。
　Yは500円のジュースを買い、さらにXに700円支払いました。
　そうすると、2人が実際に支払った金額は、

2500 － 1300 = 1200（円）

 500 ＋ 700 = 1200（円）

となりますね。3人で同額になるようにした金額…この 1200 円がズバリ割り勘で、最終的に 3 人とも 1200 円支払ったということです。

Z はケーキ代と、X に支払った 600 円を合計して 1200 円になるので、ケーキ代は以下のようになります。

 1200 － 600 = 600（円）

よって、正解は A です。

答え：A

解き方の確認

✔ 割り勘がわからなかったら、精算した金額から逆に考える

問4　難易度：★★★

　X、Yの2人で旅行をした。宿代の15300円はXが支払い、交通費の6500円はYが支払った。これらの代金を2人で均等に支払うことにしたが、事前にXはYに3000円借りていたので、その分も含めて精算する。
　すると、誰が誰にいくら払えばよいか。

A　XがYに1400円　　B　XがYに7400円　　C　YがXに1400円
D　YがXに7400円　　E　A〜Dのいずれでもない

=== 解き方 ===

　旅行代金も借金もいっぺんに考えると大変そうですね。まずは旅行代金の方を計算して、それから借金について考えましょう。

> **合　計**　…15300 + 6500 = 21800(円)
> **割り勘**　…21800 ÷ 2 = 10900(円)

X、Yが支払った金額と割り勘を比較します。

 X
15300 − 10900 = 4400（円）
➡ 4400円もらう

 Y
10900 − 6500 = 4400（円）
➡ 4400円払う

　借金がなければ Y が X に 4400 円支払って終了ですが、X は Y に 3000 円の借金を返さなければなりませんね。これを含めると、お金の動きは次のようになります。

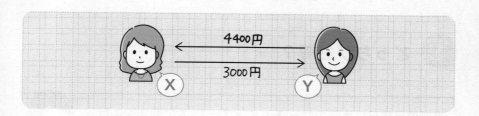

　よって、X は 3000 円払って 4400 円戻ってくるので、Y が X に 4400 − 3000 = 1400(円) 支払ったのと同じことになり、正解は C です。

答え：C

割引計算

何人が安くなるのだ？

1 どっちがお得？

来週の日曜日に大学のサークルメンバー15人で動物園に行くことにしました。

それは楽しそうですね♪

しかも、大学でクーポンをもらったんですよ。2つのうちどちらか1つしか使えないので、1人分入園料無料のクーポンを使おうと思います。

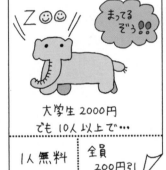

Z😊😊

まってるぞう‼

大学生 2000円
でも 10人以上で…

| 1人無料 | 全員 200円引 |

全員200円引のクーポンは使わないんですか？

だって、得な方がいいじゃないですか。

あら！　では1人無料クーポンの方が本当にお得かどうか計算してみましょう。

…はい（嫌な予感）。全部でいくらかかるか計算すればいいですね。

～ どちらがお得か見極めよう！ ～

・1人無料だと
　…2000（円）× 14（人）= 28000(円)
・全員200円引だと
　…1800（円）× 15（人）= 27000(円)

そうかー！　全員200円引クーポンの方が得なんですね。

少しでも安い方がいいですよね。楽しんでくるんだぞぅ。

2　割引計算

割引というと、「〇円引」だけでなく「〇割引」や「〇%引」もありますが、それについては4日目の損益算で学びます。これらを使った割引計算の問題は模擬問題でチャレンジしましょう☆

　この分野は大きな数の計算になります。読み間違いや計算間違いなど、ケアレスミスに注意しましょう。

===== 練習問題 =====

問1 難易度： ★☆☆

あるテーマパークでは、入場チケットは1人あたり4000円であるが、50人を超す団体については、50人を超えた分については1人あたり2500円となる。このテーマパークに63人の団体で行く。

(1) 入場チケットの総額はいくらになるか。

A 220000円　　B 221500円　　C 224000円　　D 226000円

E 230000円　　F 232500円　　G A〜Fのいずれでもない

(2) 1人あたりの平均チケット代はいくらか。必要なときは最後に小数点以下第1位を四捨五入すること。

A 3520円　　　B 3584円　　　C 3605円　　　D 3690円

E 3715円　　　F 3744円　　　G A〜Fのいずれでもない

----- 解き方 -----

(1) よーく問題を読んでくださいね。前ページの動物園クーポンは「全員200円引」でしたが、この問題は安くなる対象が全員ではありません。50人を超えた分、すなわち51人目から先は2500円になると書いてあります。ここを読み飛ばしてしまうと、せっかくの計算がパーになりますので注意です。

 前半50人 ⋯▶ 1人4000円

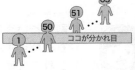

よって 4000×50＝**200000**（円）

行った人数から前半の
人数を引けばいいですね。

 後半63−50＝13人 ⋯▶ 1人2500円

よって 2500×13＝**32500**（円）

チケットの総額 ┈▶ **200000 + 32500 =** 232500（円）

正解は F です。

╫ **答え：F** ╫

解き方の確認

✔ **何人分が安くなるのか注意！**

（2）（1）を使って計算しましょう。総額が232500円なので、1人あたりの平均チケット代は、

$$232500 \div 63 = 3690.4\cdots \fallingdotseq 3690 \text{（円）}$$

よって、正解は D です。

╫ **答え：D** ╫

ポイント

ちょっぴり楽しちゃお！

「232500÷63＝3690.4 …」は計算がなかなか大変ですね。でも、全部計算しなくても答えが求められます。なぜって？

下の筆算に注目してください。十の位まで計算したところです。この時点で答えは 369□円となり、該当する選択肢は D しかありません。このように選択肢がある問題の場合は、途中まで計算して答えがわかった時点で答えてしまうのも１つの手です。

もちろん計算は正確にね☆

```
           369
    63)232500
        189
        435
        378
        570
        567
         30
```

問2 難易度：★★☆

　ある博物館では、入館料は1人あたり1500円であるが、20人を超す団体については、20人を超えた分については1人あたり500円引となる。

　この博物館に50人の団体で行く。50人が一度に入館する予定であったが、遅刻者がいたため25人ずつ2グループに分かれて入館することになった。この場合、一度に入館する場合よりも総額でいくら多く支払わなければならないか。

A　9500円　　　　B　10000円　　　C　10500円　　　D　11000円

E　11500円　　　　F　12000円　　　G　A〜Fのいずれでもない

=== 解き方 ===

50人で一度に入館する場合は、20人と30人に分けて計算しましょう。

20人までは
$1500 \times 20 = 30000$（円）

残りの30人は
$1000 \times 30 = 30000$（円）

$30000 \times 2 = 60000$（円）

25人ずつの2グループに分ける場合は、20人と5人に分けて計算しますよ。

20人までは
$1500 \times 20 = 30000$（円）

残りの5人は
$1000 \times 5 = 5000$（円）

$30000 + 5000 = 35000$（円）

このグループが2つなので、$35000 \times 2 = 70000$（円）

一度に入館する場合は 60000 円、2 グループに分かれて入館する場合は 70000 円なので、多く支払う金額は、

$$70000 - 60000 = 10000（円）$$

よって、正解は B です。

答え：B

💡 **別 解**

それぞれの総額を出さず、差額が出るところに注目しましょう。

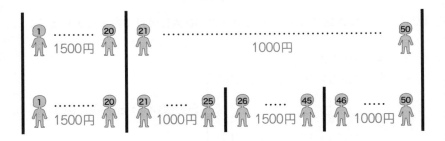

一度に入館する場合 (上段) と 2 グループに分ける場合 (下段) で比べると、①から⑳は 1500 円、㉑から㉕、㊻から㊿は 1000 円でどちらの場合も同額ですが、㉖から㊺の 20 人は上段 (1000 円) と下段 (1500 円) で 1 人 500 円の差がありますね。

よって、2 グループに分かれて入館すると多く支払う金額は、

$$500 \times 20 = 10000（円）$$

となります。

問3　難易度：★★★

　あるレストランでは食事代が 1 人あたり 4000 円であるが、10 人より多い団体で予約すると、10 人を超えた分については 1 人あたりの食事代が 3200 円となる。食事代の総額を人数で割り、全員が同額を支払うようにして、1 人あたりの食事代が 3400 円となるのは、何人で予約したときか。

A　40 人　　B　45 人　　C　50 人　　D　55 人　　E　60 人
F　A ～ E のいずれでもない

解き方

x 人で予約したとすると、食事代は次のように計算できます。

10 人までは、4000 × 10 = 40000（円）

> x 人から前半の 10 人を引くと残りの人数になりますね。

残りの（$x - 10$）人は、
3200 ×（$x - 10$）= $3200x - 32000$（円）

$40000 + 3200x - 32000$
$= 3200x + 8000$（円）

　1 人あたりの食事代が 3400 円のとき、x 人の食事代は $3400x$（円）なので、これを方程式にしましょう。

$$3400x = 3200x + 8000$$
$$3400x - 3200x = 8000$$
$$200x = 8000$$
$$x = 40$$

よって、40 人となり正解は A です。

答え：A

頻出度： ★★★　★★★　W ★★☆

必要な復習：最小公倍数

仕事算　きびだんご作りをしよう！

① 何の仕事をしているのか？

先生、今日は「仕事算」を予習してきました。だけど難しすぎて…。

どの問題ですか？

例題 ▶▶▶▶▶▶▶▶▶▶▶▶▶▶▶▶▶▶▶▶▶▶▶▶▶▶▶▶▶▶

　ある仕事を仕上げるのに姉 1 人で行うと 6 時間、弟 1 人で行うと 12 時間かかる。この仕事を姉と弟の 2 人で行うと、仕上げるのに何時間かかるか。

◀◀◀◀◀◀◀◀◀◀◀◀◀◀◀◀◀◀◀◀◀◀◀◀◀◀◀◀◀◀◀◀◀◀◀◀◀◀

この問題なんですが…考えてはみたもののちんぷんかんぷんです。

どの辺が難しいですか？

何の仕事をしているのかもわからなくて、全くイメージがわきません。

なるほど。ではまず仕事を決めましょう。
…ではゆいちゃんと弟くんの2人がき
びだんご作りをすると仮定します。

きびだんご作りですか…。よくわからない設定ですね。

まぁよいではないですか。作るきびだんごの数は、姉が仕上
げる時間の「6」と弟が仕上げる時間の「12」の最小公倍数
の「12」を使うのがミソです。
つまり問題文を次のように考えます。
（最小公倍数がアヤシイ人は巻末の復習コーナーへ GO）

～ 問題の考え方 ～

きびだんご 12 個を作るのに姉 1 人で行うと 6 時間、弟 1 人
で行うと 12 時間かかる。この仕事を姉と弟の 2 人で行うと、
仕上げるのに何時間かかるか。

これを解くのに Question 1 ～ Question 4 に分けますね。

Question1

きびだんご 12 個を作ります。ゆいちゃんは 6 時間かけて作りました。
1 時間に何個のきびだんごを作ったことになるでしょう。

12 ÷ 6 = 2 なので 2 個です。

正解。では第 2 問。

Question2

きびだんご 12 個を作ります。弟くんは 12 時間かけて作りました。1時間に何個のきびだんごを作ったことになるでしょう。

12 ÷ 12 = 1 だから 1 個です。

正解。では第 3 問。

Question3

きびだんご 12 個を作ります。今のペースで作っていくと、ゆいちゃんと弟くんの 2 人で 1 時間に何個のきびだんごができるでしょう。

1 時間に私が 2 個、弟が 1 個作るから、2 人で 3 個です。

正解。では最後の問題です。

Question4

きびだんご 12 個を作ります。ゆいちゃんと弟くんの 2 人で作ると、できあがるのに何時間かかるでしょう。

1 時間に 2 人で 3 個作るんだから…12 ÷ 3 ＝ 4 で、4 時間です。

正解です。というわけで、上の問題の答えは 4 時間です。
問題文に出てくる「仕上げる時間」の最小公倍数を仕事（きびだんご）の数とすれば、仕事のイメージがつきますね。
今の問題は練習問題で再度確認しますので、解き方の流れを覚えましょう。

解き方の確認

✔ 問題文に出てくる「時間」の最小公倍数を仕事の数（きびだんごの数）にして考える

✔ 解き方の流れを覚える

====== 練習問題 ======

問1 難易度：★☆☆

　ある仕事を仕上げるのに姉1人で行うと6時間、弟1人で行うと12時間かかる。この仕事を姉と弟の2人で行うと、仕上げるのに何時間かかるか。

A　2時間　　B　3時間　　C　4時間　　D　5時間

E　A〜Dのいずれでもない

===== 解き方 =====

前ページで解きましたが、再度確認します。

その1〜その4の順に解けるように、何度も解いて慣れましょう。

 その1 仕事（きびだんごの数）

> 「6」と「12」の最小公倍数 → 12個

 その2 一人ひとりが1時間に何個きびだんごを作るか

姉は6時間で12個作る

（姉）：　$12 \div 6 =$ 2個

弟は12時間で12個作る

（弟）：　$12 \div 12 =$ 1個

その3 2人で1時間に何個きびだんごを作るか

1時間で姉は2個、弟は1個作る

（姉）+ （弟）: 2 + 1 = 3個

 その4 2人で何時間でできるか

12個のきびだんごを1時間に3個ずつ作る

12 ÷ 3 = 4時間

よって、4時間かかり、正解はCです。

答え：C

問2　難易度：★☆☆

　ある仕事を仕上げるのにPが1人で行うと9時間、Qが1人で行うと18時間、Rが1人で行うと12時間かかる。この仕事をP、Q、Rの3人で行うと、仕上げるのに何時間かかるか。

A　3時間　　B　4時間　　C　5時間　　D　6時間
E　A〜Dのいずれでもない

解き方

3人になっても考え方は同じです。

 その1　仕事（きびだんごの数）

「9」と「18」と「12」の最小公倍数　→　36個

 その2　一人ひとりが1時間に何個きびだんごを作るか

P：36 ÷ 9 ＝　4個

Q：36 ÷ 18 ＝　2個

R：36 ÷ 12 ＝　3個

その3　3人で1時間に何個きびだんごを作るか

P + Q + R ： 4 + 2 + 3 = 　9個

2
日目

 その4　3人で何時間でできるか

36 ÷ 9 = 　4 時間

よって、4 時間かかり、正解は B です。

答え：B

問3　難易度：★★☆

　ある仕事を仕上げるのにPが1人で行うと20日、Qが1人で行うと30日かかる。この仕事をPが1人で前半に2週間連続で行い、Qにバトンタッチし、後半はQが1人で行った。仕上げるのにQは何日間仕事をすればよいか。

A　7日間　　B　8日間　　C　9日間　　D　10日間
E　A〜Dのいずれでもない

解き方

まずは「その1」と「その2」まで考えましょう。

 その1　仕事（きびだんごの数）

> 「20」と「30」の最小公倍数　→　60個

 その2　一人ひとりが1日に何個きびだんごを作るか

> P：60 ÷ 20 ＝ 3個
> Q：60 ÷ 30 ＝ 2個

今回は2人一緒に仕事をしていませんね。前半と後半に分けて考えましょう。

 その3　前半にPがした仕事（きびだんごの数）

1日にPは3個、2週間(14日)連続で行った

> 3 × 14 ＝ 42個

そしてQにバトンタッチしました。

その4 後半に Q がする仕事（きびだんごの数）

60 個のうち P が 42 個作った

60 － 42 ＝ 18 個

 その5 Q は何日間でできるか

18 個のきびだんごを1日に 2 個ずつ作る

18 ÷ 2 ＝ 9 日

よって、9 日間となり、正解は C です。

答え：C

問4 難易度：★★☆

　ある水槽を空の状態からいっぱいにするのにPポンプから給水すると6時間、Qポンプからだと3時間かかる。また、この水槽にいっぱいに入っている水を空にするのにRポンプから排水すると4時間かかる。この水槽が空の状態から3つのポンプを同時に開けるといっぱいになるまで何時間かかるか。

A　4時間　　B　4.5時間　　C　5時間　　D　5.5時間
E　A～Dのいずれでもない

=== 解き方 ===

「給排水算」と呼ばれる問題ですが、仕事算と同様に考えることができます。

💡コツ

▶ 仕事（きびだんごの数） = 12個（「6」と「3」と「4」の最小公倍数）

▶ 給水 = きびだんごを作る 、 排水 = きびだんごを食べる

とすれば、以下のように問題を書き直すことができます。

　きびだんご12個を作るのにPが行うと6時間、Qが行うと3時間かかる。また、12個のきびだんごをRが食べると4時間かかる。P、Q、Rが同時に作業を行うと、12個のきびだんごが出来上がるのに何時間かかるか。

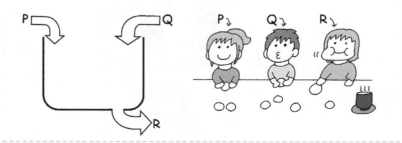

では解いてみましょう。

 その1 仕事（きびだんごの数）

> 「6」と「3」と「4」の最小公倍数 → 12個

 その2 一人ひとりが1時間に何個きびだんごを作る（食べる）か

> P：12 ÷ 6 = 2個
>
> Q：12 ÷ 3 = 4個
>
> R：12 ÷ 4 = 3個

 その3 3人で1時間に何個きびだんごを作るか

> P + Q - R：2 + 4 - 3 = 3個　Rは食べるので引き算です

 その4 3人で何時間でできるか

> 12 ÷ 3 = 4時間

よって、4時間かかり、正解はAです。

答え：A

問5 難易度：★★★

P が 1 人ですれば 10 時間、Q が 1 人ですれば 15 時間で完成する仕事がある。今、P がこの仕事を始め、途中で Q と交代したところ、P が始めてから 13 時間で完成した。P が働いたのは何時間か。

A　3時間　　B　4時間　　C　5時間
D　6時間　　E　A〜Dのいずれでもない

════════ 解き方 ════════

 その1　仕事（きびだんごの数）

┌─────────────────────────────────────┐
│ 「10」と「15」の最小公倍数 → │ 30 個 │
└─────────────────────────────────────┘

 その2　1 時間にする仕事（何個作るか）

┌─────────────────────────────┐
│ P : 30 ÷ 10 = │ 3 個 │
│ Q : 30 ÷ 15 = │ 2 個 │
└─────────────────────────────┘

2 人の働いた時間が分かりませんね。P が x 時間、Q が交代して $(13-x)$ 時間働いて、30 個のきびだんごを作ったとして式を作ります。

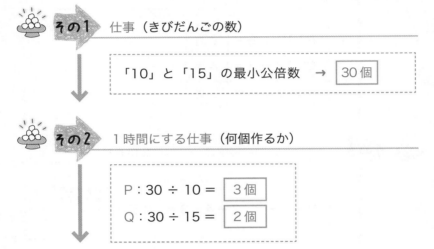

$$3x + 2(13 - x) = 30$$

$$3x + 26 - 2x = 30 \quad x = 4$$

よって、4 時間となり、正解は B です。

答え： B

94

就活コラム

\ひとくち/

ある大学にて。
私が教室に入ったらすぐに学生が挨拶をしてく
れて、とても爽やかな気分になりました。
普段から挨拶する習慣はとても大切ですね。

〇〇ッスは
おはよーッス
敬語では
ないッス。

でもね、「おはよーっス」は敬語ではないです。
口癖はつい出てしまうものだから、今のうちか
ら正しい敬語を使うように心掛けましょう。
例えば、「すみません」は「申し訳ございません」、
「了解しました」は「かしこまりました」です。
面接でも「〇〇っス」って言ったらダメっス。

分割払い

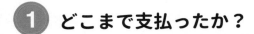

図を描けば大丈夫

1 どこまで支払ったか？

先生、夏休みに自動車免許をとることにしました。先生は免許をお持ちですか？

はい、持っていますよ。ただ、運転が下手すぎて「スーパー☆ペーパードライバー」です。頑張ってくださいね。

ありがとうございます。とりあえず貯金から頭金として教習代の $\frac{1}{6}$ を支払いました。
残りは 10 回の均等分割払いにして 4 回まで支払ったところです。支払いがまだまだ残っています〜。

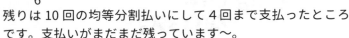

なるほど。ではちょうど教習代全体の半分まで支払ったのですね。

ちょうど半分ですか？

そうですよ。図を見ながら確認しましょう。
まず、教習代全体を 1（←これがポイント）とします。頭金の $\frac{1}{6}$ を記入します。…①
残りは全体から頭金を引いて、$1 - \frac{1}{6} = \frac{5}{6}$ ですね。…②

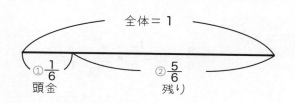

全体＝ 1

① $\dfrac{1}{6}$ 頭金

② $\dfrac{5}{6}$ 残り

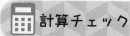 計算チェック

② $1 - \dfrac{1}{6} = \dfrac{6}{6} - \dfrac{1}{6} = \dfrac{5}{6}$

$1 = \dfrac{1}{1} = \dfrac{6}{6}$

$\dfrac{5}{6}$ をさらに 10 回の均等分割払いにしました。

1 回あたりの支払いは、$\dfrac{5}{6} \div 10 = \dfrac{1}{12}$ です。 …③

1 回から 4 回までの支払いの合計は、$\dfrac{1}{12} \times 4 = \dfrac{1}{3}$ ですね。…④

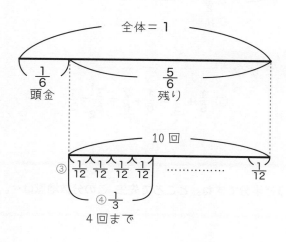

全体＝ 1

$\dfrac{1}{6}$ 頭金

$\dfrac{5}{6}$ 残り

10 回

③ $\dfrac{1}{12}$ $\dfrac{1}{12}$ $\dfrac{1}{12}$ $\dfrac{1}{12}$ ………… $\dfrac{1}{12}$

④ $\dfrac{1}{3}$

4 回まで

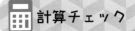計算チェック

③ $\dfrac{5}{6} \div 10 = \dfrac{5}{6} \times \dfrac{1}{\overset{1}{10}_2} = \dfrac{1}{12}$

「÷10」を「×$\dfrac{1}{10}$」へ

④ $\dfrac{1}{\underset{3}{12}} \times \overset{1}{4} = \dfrac{1}{3}$

よって、今までに支払った教習代は、$\dfrac{1}{6} + \dfrac{1}{3} = \dfrac{1}{2}$…⑤
ちょうど半分ですね。

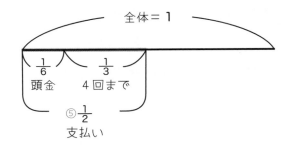

全体＝1

$\dfrac{1}{6}$　$\dfrac{1}{3}$

頭金　4回まで

⑤$\dfrac{1}{2}$
支払い

計算チェック

⑤ $\dfrac{1}{6} + \dfrac{1}{3} = \dfrac{1}{6} + \dfrac{2}{6} = \dfrac{\overset{1}{3}}{\underset{2}{6}} = \dfrac{1}{2}$

本当にちょうど半分ですね。ところで先生、この分数地獄は…。

分数を使わないで解きたいのですが、かなり複雑になるので「分割払い」の単元は分数でいきましょう。
確かに計算は面倒ですが、図を描くと問題の内容がかなり整理できますよ。
全体を1とおき、ゴリゴリ計算しましょう。

2
日目

解き方の確認

✔ 分数地獄です…
✔ 「全体＝1」とおく
✔ 図を描いてゴリゴリ計算

※分数計算がアヤシイ人は、巻末の復習コーナーへ GO。

=== 練習問題 ===

| 問1 | 難易度： ★☆☆ |

楽器を購入し、支払いは3回に分けて行うことにした。頭金として総額の $\frac{1}{7}$ を支払い、2回目に総額の $\frac{2}{5}$ を支払った。3回目の支払いは総額のどれだけにあたるか。

A $\frac{1}{7}$ B $\frac{4}{7}$ C $\frac{9}{35}$ D $\frac{16}{35}$ E $\frac{33}{35}$

F A〜Eのいずれでもない

=== 解き方 ===

全体＝1とおくのがポイントです。

下の図の「3回目」の部分を求めるには、頭金と2回目の支払いを全体から引けばよいですね。

分数だらけになりますが頑張って計算しましょう。

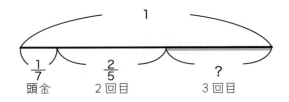

$$1 - \frac{1}{7} - \frac{2}{5} = \frac{35}{35} - \frac{5}{35} - \frac{14}{35} = \frac{16}{35}$$

よって $\frac{16}{35}$ となり、正解はDです。

答え：D

問2 難易度：★★☆

海外旅行の代金を9回の分割払いで支払うことにした。初回に総額の $\frac{3}{8}$ を支払い、2回目は総額の $\frac{1}{3}$ を支払った。3回目から先は均等に分割して支払うことにした。3回目に支払う金額は旅行代金のどれだけにあたるか。

A $\frac{1}{12}$　B $\frac{1}{14}$　C $\frac{1}{20}$　D $\frac{1}{24}$　E $\frac{1}{28}$

F　A～Eのいずれでもない

解き方

まず「全体＝1」として初回と2回目を支払った後の残額を計算します。

$$1 - \frac{3}{8} - \frac{1}{3} = \frac{24}{24} - \frac{9}{24} - \frac{8}{24} = \frac{7}{24}$$

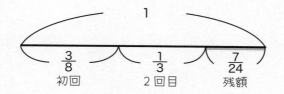

これを均等に分割すると3回目に支払う金額がでますね。

9回の分割払いで2回目まで支払っているから、残りは7回です。間違えやすいので注意してくださいね。

$$\frac{7}{24} \div 7 = \frac{7}{24} \times \frac{1}{7} = \frac{1}{24}$$

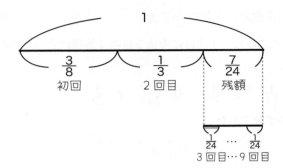

よって、3回目に支払う金額は旅行代金の $\frac{1}{24}$ となり、正解はD です。

答え：D

問3　難易度：★★☆

　海外旅行の代金を 9 回の分割払いで支払うことにした。初回に総額の $\frac{3}{8}$ を支払い、2 回目は初回の $\frac{1}{3}$ を支払った。3 回目から先は均等に分割して支払うことにした。3 回目に支払う金額は旅行代金のどれだけにあたるか。

A　$\frac{1}{12}$　　B　$\frac{1}{14}$　　C　$\frac{1}{20}$　　D　$\frac{1}{24}$　　E　$\frac{1}{28}$

F　A ～ E のいずれでもない

解き方

この問題は問 2 と同じ？　って思ったアナタ！　よーーーーく読んでください。

「2 回目は総額の $\frac{1}{3}$ を支払った。」が「2 回目は初回の $\frac{1}{3}$ を支払った。」に変わっていますね。

2 回目の支払いは初回の $\frac{1}{3}$ なので、$\frac{3}{8} \times \frac{1}{3} = \frac{1}{8}$ となります。

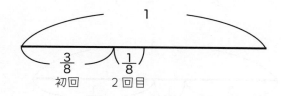

次に、残額を計算します。

$$1 - \frac{3}{8} - \frac{1}{8} = \frac{8}{8} - \frac{3}{8} - \frac{1}{8} = \frac{4}{8} = \frac{1}{2}$$

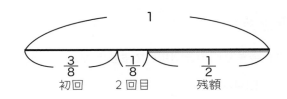

分母が等しいときには下のようなブロックで書くのもオスス
メです。

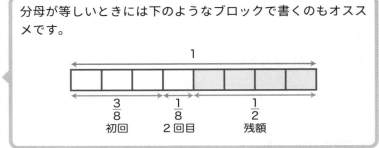

これを 7 回に均等に分割します。

$$\frac{1}{2} \div 7 = \frac{1}{2} \times \frac{1}{7} = \frac{1}{14}$$

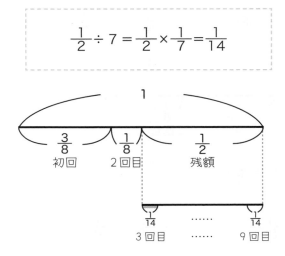

よって、3 回目に支払う金額は旅行代金の $\frac{1}{14}$ になり、正解は B です。

答え：B

問4　難易度：★★★

　パソコンを分割払いで購入する。頭金として総額の$\dfrac{5}{8}$を支払い、残額を5回の均等分割払いで支払う。この場合、分割手数料として残額の$\dfrac{1}{9}$を加えた額を5等分して支払う。分割払いの1回分の支払額は頭金のどれだけにあたるか。

A　$\dfrac{1}{24}$　　B　$\dfrac{1}{18}$　　C　$\dfrac{1}{12}$　　D　$\dfrac{2}{15}$　　E　$\dfrac{2}{21}$

F　A〜Eのいずれでもない

===== 解き方 =====

　全体を1とします。頭金を支払うと、残額は$1-\dfrac{5}{8}=\dfrac{8}{8}-\dfrac{5}{8}=\dfrac{3}{8}$となります。これに分割手数料を加えてから5等分しなければなりません。分割手数料は、残額の$\dfrac{1}{9}$なので、

$$\dfrac{3}{8}\times\dfrac{1}{9}=\dfrac{1}{24}$$

となります。

よって、残りの5回で支払う額は、残額と分割手数料を加えて、

$$\dfrac{3}{8}+\dfrac{1}{24}=\dfrac{9}{24}+\dfrac{1}{24}=\dfrac{10}{24}=\dfrac{5}{12}$$

となりますね。

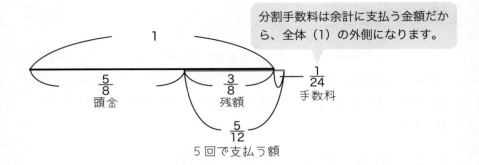

分割手数料は余計に支払う金額だから、全体（1）の外側になります。

これを 5 回に均等に分割します。

$$\frac{5}{12} \div 5 = \frac{5}{12} \times \frac{1}{5} = \frac{1}{12}$$

「答えが出た。やれやれ」と思ったアナタ！　問題の 3 行目をよーーーーく読んでください。「分割払いの 1 回分の支払額は頭金のどれだけ」と書いてありますね。

つまり、「 $\frac{1}{12}$ は $\frac{5}{8}$ のどれだけ」になるかを求めなければなりません。

「 $\frac{5}{8}$ の x 倍が $\frac{1}{12}$ 」として、次のように方程式を立てて x を求めましょう。

$$\frac{5}{8} \times x = \frac{1}{12}$$

両辺に $\frac{8}{5}$ をかけて、

$$x = \frac{1}{12} \times \frac{8}{5} = \frac{2}{15}$$

よって、分割払いの 1 回分の支払額は、頭金の $\frac{2}{15}$ となり、正解は D です。

答え：D

DAY 3

速さ

シリーズ

Point 「は（速さ）×じ（時間）＝き（距離）」の公式で、ちょっと特殊な旅人算や通過算だって解けるんです。ライバルに差をつけちゃいましょう！

頻出度： ✏ ★★★　🏤 ★★★　W ★★★
必要な復習：単位換算、小数計算、分数計算、1次方程式

速　さ は × じ = き

1 歩いた方が速いのか

今日は雨がヒドイですね。

そうですね。今日は朝から超大変でした。いつも家から駅までは自転車で行くのですが、今日は雨だったのでバスで行きました。そうしたら、道が混んでいて30分もかかっちゃって…歩いた方が速かったです。

それはそれは。家から駅まではどのくらい距離があるのですか？

ちょうど3km です。

それだったら、混んでいてもバスの方が速いですね。計算してみましょう。

② 速さの公式

「速さの公式」といえばどんなものを思い出しますか？

「はじき」…は（速さ）×じ（時間）＝き（距離）というのがありました。

そうですね。歩く速さの目安は、

・ゆっくり歩く→分速 50 〜 60 m
・普通に歩く→分速 60 〜 80 m
・速く歩く→分速 80 〜 90 m

ですから、例えば速さを分速 70 mとすると家から駅まで、何分かかるでしょう？

距離が 3km ＝ 3000 mだから、

$$\underset{は}{70} \times \underset{じ}{x} = \underset{き}{3000} \qquad x = 3000 \div 70 = 42.8\cdots$$

え！　40 分以上かかるということですか！

そうですね。早歩きで分速 90 mだとしても、

$$\underset{は}{90} \times \underset{じ}{x} = \underset{き}{3000} \qquad x = 3000 \div 90 = 33.3\cdots$$

それでも 30 分以上かかりますね。

　速さの公式を「はじき」でなく、「みはじ」…み（道のり）＝は（速さ）×じ（時間）で覚えている人もいると思いますが、ここでは、ゆいちゃんの記憶に合わせて「は（速さ）×じ（時間）＝き（距離）」の公式を使いたいと思います。

③ 単位をそろえよう

前のページのように、速さの問題は「は（速さ）×じ（時間）＝き（距離）」の公式だけで解くことができます。その際に１つだけ気を付けることがあります。それは「単位」です。

「時間」「分」「秒」や「m」「km」などが違う場合には、まず単位をそろえてから式を作ります。下の例を見てください。

例

(1) は（速さ）…分速 50m、じ（時間）…30 分 → **OK! 単位同じ**

(2) は（速さ）…分速 40m、じ（時間）＝2 時間 → **NG! 単位違う**

(3) は（速さ）…分速 50m、き（距離）…850m → **OK! 単位同じ**

(4) は（速さ）…分速 50m、き（距離）…2.5 k m → **NG! 単位違う**

例えば、(2) の「2 時間＝ 120 分」はすぐわかるけど、分速 40 mを時速にするのは難しいです。

そうですね。正直なところ、速さの単位を変えるのは面倒なことが多いです。

単位をそろえるときは、は（速さ）はそのままで、じ（時間）と、き（距離）を速さに合わせましょう。

そろえ方は次ページを参考にしてくださいね。

×60

(じ)（時間） 1 時間＝60 分

÷60

×60

1 分＝60 秒

÷60

×1000（小数点 3 つ右へ）

(き)（距離） 1 k m＝1000m

÷1000(小数点 3 つ左へ)

3
日目

※単位換算がアヤシイ人は、巻末の復習コーナーへ GO。

わかりました。
(2) は「2 時間 = 120 分」、(4) は「2.5km = 2500 m」と
単位を変えればよいのですね。

練習問題

問1 難易度：★☆☆

(1) 250 m / 分の速さで 15 分走った。走った距離は何 km か。

A 3.75km　　B 5 km　　C 6.3km　　D 7.5km

E A～D のいずれでもない

(2) 2km を 40 分かけてウォーキングした。この時の速さは時速何 km か。

A 時速 2km　　　　B 時速 2.5km　　　　C 時速 3km

D 時速 3.5km　　　E A～D のいずれでもない

(3) 時速 80km で電車が 60km 走ると何分かかるか。

A 40 分　　B 45 分　　C 48 分　　D 54 分

E A～D のいずれでもない

解き方

(1) 250m/分とは、分速250mのことです。まずは単位を確認します。

単位がそろっているのでそのまま計算へ GO!

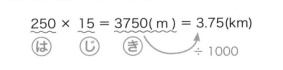

答え：A

(2)

(は)**(速さ)**…時速 x km　(じ)**(時間)**…40 分　(き)**(距離)**…2 km

(じ)**(時間)** の単位を (は)**(速さ)** にそろえます。

(じ)**(時間)**…40 分 $= \dfrac{40}{60}$（時間）$= \dfrac{2}{3}$（時間）

$\div 60$

単位がそろったら計算しましょう♪

$\underset{(は)}{x} \times \underset{(じ)}{\dfrac{2}{3}} = \underset{(き)}{2}$　　$x = 2 \div \dfrac{2}{3} = 2 \times \dfrac{3}{2} = 3$　　よって、時速 3km

答え：C

(3)

(は)**(速さ)**…時速 80 km　(じ)**(時間)**…x 時間　(き)**(距離)**…60 km

単位はそろっていますね。

$$\underset{\underset{\text{は}}{\underset{\textasciitilde}{}}}{80} \times \underset{\underset{\text{じ}}{\underset{\textasciitilde}{}}}{x} = \underset{\underset{\text{き}}{\underset{\textasciitilde}{}}}{60} \qquad x = 60 \div 80 = \frac{60}{80} = \frac{3}{4}\ (時間) = 45(分)$$

$\times 60$

 問題は「何分」と聞かれていますが、速さの単位に合わせて「時間」として計算します。x を求めてから、「時間」を「分」に直しましょう。

答え：B

解き方の確認

✔ まず単位を見る…じ（時間）と き（距離）を は（速さ）に
　　合わせる

✔ は（速さ）× じ（時間）＝ き（距離）

問2　難易度：★☆☆

列車 A は P 駅から Q 駅へ、列車 B は Q 駅から P 駅へ向かう。次の表は列車 A と列車 B の時刻表の一部である。列車 A は時速 45km で走る。

列車 A		列車 B
11：00 発 ↓ 11：40 着	P 駅 Q 駅	12：08 着 ↑ 11：50 発

（1）P 駅と Q 駅間の距離は何 km か。

A　25km　　　　　B　30km　　　　　C　35km

D　40km　　　　　E　A～Dのいずれでもない

（2）列車 B の速さは時速何 km か。

A　時速 90km　　　B　時速 95km　　　C　時速 100km

D　時速 105km　　　E　A～Dのいずれでもない

3
日目

========= 解き方 =========

（1）列車Aについて考えます。時間は11：00から11：40までで40分です。単位を速さに合わせましょう。

(は) **(速さ)** …時速 45 km

(じ) **(時間)** …40 分 = $\frac{40}{60}$ （時間） = $\frac{2}{3}$ （時間）

　　　　　　　　　　↑ ÷60

単位をそろえたら距離を計算します。

$$\underset{(は)}{45} \times \underset{(じ)}{\frac{2}{3}} = \underset{(き)}{30}(km)$$

よって、正解は B となります。

答え：B

(2) 今度は列車Bについてです。時間は11：50から12：08までで18分ですね。

(は) **(速さ)** …時速 x km

(じ) **(時間)** …18分＝$\dfrac{18}{60}$（時間）＝$\dfrac{3}{10}$（時間）

$\div 60$

(き) **(距離)** …30 km

(1) より

単位を合わせたら計算しましょう。

$$\underset{(は)}{x} \times \underset{(じ)}{\dfrac{3}{10}} = \underset{(き)}{30}$$

$$x = 30 \div \dfrac{3}{10} = 30 \times \dfrac{10}{3} = 100 \qquad よって時速 100km$$

正解は C となります。

答え：C

問3　難易度：★★☆

駅伝大会が行われ、あるチームの区ごとの距離および通過時刻は以下の通りだった。このチーム全体の平均速度は時速何 km か。

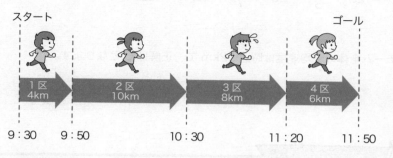

A　時速 10km　　　　B　時速 11km　　　　C　時速 12km
D　時速 13km　　　　E　A ～ D のいずれでもない

解き方

チーム全体の平均速度は、チーム全体の距離とチーム全体の時間から求めます。

(は)　**(速さ)** …時速 x km

(じ)　**(時間)** …9：30 から 11：50 まで、

$$2 \text{ 時間 } 20 \text{ 分} = 140 \text{ 分} = \frac{140}{60} \text{ 時間} = \frac{7}{3} \text{ 時間}$$

÷ 60

$2 \text{ 時間 } 20 \text{ 分} = 2\dfrac{20}{60} \text{ 時間} = 2\dfrac{1}{3} \text{ 時間} = \dfrac{7}{3} \text{ 時間と}$
考えてもいいですね。

(き)　**(距離)** …4 + 10 + 8 + 6 = 28 （km）

よって $\underset{\underset{\text{(は)}}{x}}{x} \times \underset{\underset{\text{(じ)}}{\dfrac{7}{3}}}{\dfrac{7}{3}} = \underset{\underset{\text{(き)}}{28}}{28}$

$x = 28 \div \dfrac{7}{3} = 28 \times \dfrac{3}{7} = 12$ 時速12km

チーム全体の平均速度は時速12kmで、正解はCとなります。

答え：C

> ### 解き方の確認
>
> ✔ 全体の平均速度を考えるときは、
> ✔ (は)（全体の速さ）×(じ)（全体の時間）＝(き)（全体の距離）

問4 難易度： ★★★

　Pは普段自転車通学をしており、自転車の平均速度は時速14kmである。ある雨の日、いつもより20分早く家を出て平均時速4kmで歩いて登校したところ、いつもより10分遅く学校に着いた。

　普段自転車で通学するのにかかる時間は何分か。

A　12分　　　　B　14分　　　　C　18分
D　20分　　　　E　A〜Dのいずれでもない

解き方

自転車通学のときにかかる時間を求めたいので、これを x 時間とすると、

　(は)(**速さ**)…時速14km　　(じ)(**時間**)… x 時間

となります。

雨の日はいつもより20分早く出て10分遅く着いたので、自転車通学よりも30分(＝ $\frac{1}{2}$ 時間)多くかかったわけです。よって、

　(は)(**速さ**)…時速4km　　(じ)(**時間**)…（ $x + \frac{1}{2}$ ）時間

と表すことができます。距離は問題に書いてありませんが、どちらの場合も家から学校まで同じ距離なので、次のように式を立てて x を求めましょう。

$$\underbrace{14 \times x}_{(は)\ (じ)} = \underbrace{4 \times (x + \frac{1}{2})}_{(は)\ (じ)}$$

自転車での距離　　徒歩での距離

$$14x = 4x + 2$$
$$14x - 4x = 2$$
$$10x = 2$$
$$x = \frac{2}{10} = \frac{1}{5}（時間）= 12（分）$$

×60

よって、正解はAです。

答え：A

section 2

頻出度：✏ ★★★　🖥 ★★★　W ★★★
必要な復習：単位換算、分数計算

旅人算　2人バージョンの⑭×⑬=⑯

1 旅人算とは

今日は速さの第2弾として「旅人算」の勉強をしましょう。

旅をするのですか？

旅といっても、主に次の2パターンです。

パターン①出会い算：AとBが向かい合って進み、出会うまで

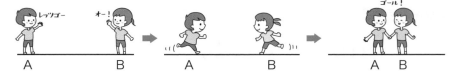

パターン②追いかけ算：AとBが同じ方向に進み、追いかけて追いつくまで

基本の考え方は、⑭（速さ）×⑬（時間）=⑯（距離）です。
2人まとめて考えるのがポイントになります。

恋愛の両想いと片想いみたいですね｡｡♡

なるほど〜。では恋愛に例えて考えましょう。

2 両想いバージョン…パターン１（出会い算）

例 題

　ＡとＢが600m離れている。Ａが分速70m、Ｂが分速50mで向かい合って歩くとき、出会うまで何分かかるか。

上の問題について考えましょう。恋愛に例えるなら…。

> 場所は砂浜。ＡとＢの距離は600ｍ。見つめあう２人。
> 「好きだーっ！」と叫ぶＡ。「私もよー！」と答えるＢ。
> Ａが分速70ｍ、Ｂが分速50ｍで歩み寄る。
> 出会う２人。めでたく両想い♡

ちょ、ちょっと、先生??　思いっきり妄想のような気がしますが…。

あくまでもイメージです！　では、現実に戻って、２人まとめて「⑬×⑭＝⑮」を考えていきましょう。

（は）（速さ）…１分間に A は 70 m、B は 50 m 向かい合って歩く
　　　　　　ので、２人は１分間に 120 m 近づきます。
　　　　　　つまり毎分 120 m でどんどん近づいていくのです。

（じ）（時間）… x 分とします。

（き）（距離）…２人で 600 m 歩きます。600 m の距離を縮めてい
　　　　　　くと考えてもいいですね。

２人の速さを足すって感じですね。
まとめると、次のように計算できます。

（は）（速さ）…**50＋70＝120（m/ 分）**

（じ）（時間）…**x 分**

（き）（距離）…**600m** ⟶ 単位 OK

120 × x = 600　　　　x＝600÷120＝5（分）
（は）（じ）（き）

答 5分

「両想いはどんどん近づくから速さを足す」って覚えればいい
ですね♡

③ 片想いバージョン…パターン2（追いかけ算）

例題 ▶▶▶▶▶▶▶▶▶▶▶▶▶▶▶▶▶▶▶▶▶▶▶▶

　AとBが600m離れている。Aが分速70mで、分速50mで歩くBに向かって歩くとき、追いつくまで何分かかるか。

◀◀◀◀◀◀◀◀◀◀◀◀◀◀◀◀◀◀◀◀◀◀◀◀◀

> 続いて、上の問題について考えましょう。

3
日目

　場所は砂浜。AとBの距離は600ｍ。
　「好きだーっ！」と叫ぶA。「ごめんなさい…」と振り向かないB。Aが分速70ｍでBに向かって歩いていく。分速50ｍで逃げるB。
　じわじわと近づき、やがてAはBに追いつく。

> また妄想ですね…。この続きが知りたいような気が…。

> ご想像にお任せします♡
> では現実に戻って、2人まとめて「は×じ＝き」を考えていきましょう。

(は) (速さ)…Bの立場で考えると…自分が50m逃げてもAが
70m追いかけてくるから、2人はトータルで1分
間に20m近づきます。
つまり、毎分20mでじわじわ近づいていくので
す（下図）。

(じ) (時間)… x 分とします。

(き) (距離)…600mの距離を縮めていきます。

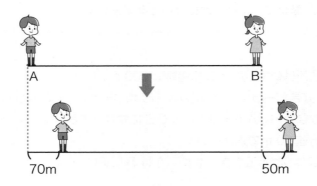

70m   50m

今度は2人の速さを引けばいいから以下のように計算するん
ですね。

(は) (速さ)…**70 － 50＝20（m/分）**

(じ) (時間)…x **分**

(き) (距離)…**600m** → 単位OK

20 × x ＝ 600 x **＝600÷20＝30（分）**
 (は) (じ) (き)

 答 30分

片想いは追いつくまで 30 分もかかるのかぁ。
「片想いは逃げるから速さを引く」と覚えることにします。

楽しい覚え方ですね♪
3-1 で扱った速さと同様に、まずは単位を確認するのを忘れ
ずに☆

3
日目

解き方の確認

✔ 旅人算は 2 人まとめて、は (速さ) × じ (時間) = き (距離)

✔ 両想いバージョン (出会い算)

　　　　向かい合う→どんどん近づく→ 2 人の速さを足す

✔ 片想いバージョン (追いかけ算)

　　　　追いかける・逃げる→ 2 人の速さを引く

練習問題

問1 難易度：★☆☆

　学校から家へ、時速 8km で P が走って向かい、家から学校へ、時速 4km で Q が歩いて向かう。それぞれが同時に向かい始めたところ、50 分で 2 人が出会った。学校と家との間の距離は何 km か。

A　10km　　B　9km　　C　8km　　D　7km

E　A 〜 D のいずれでもない

解き方

　向かい合ってどんどん近づくので「両想いバージョン」ですね。2 人の速さを足して計算しましょう。

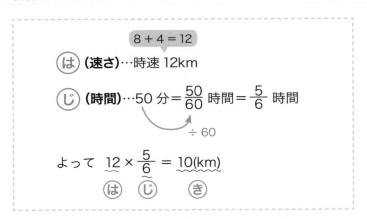

よって、学校と家との間の距離は 10km で、正解は A です。

答え：A

問2　難易度：★★☆

　Aさんが分速50mで9：00に歩き始めた。その6分後に、Bさんが分速70mでAさんを追いかけた。BさんがAさんに追いつく時刻はどれか。

A　9：15　　　B　9：18　　　C　9：21　　　D　9：24

E　A～Dのいずれでもない

解き方

　2人のスタートする時刻が違うとまとめて考えることができません。Aさんが6分間で何m歩いたのかを先に計算します。

 (速さ)分速50m　 **(時間)**…6分

よって　50 × 6 ＝ 300m

　Aさんが300m歩いたところをAさんのスタートラインだと考えましょう。そうすれば2人が歩いた時間が同じになり、2人まとめて考えることができます。

　つまり、「AさんとBさんは300m離れている。そして逃げるAさんをBさんが追いかける」といったドラマが生まれる（?）わけです。

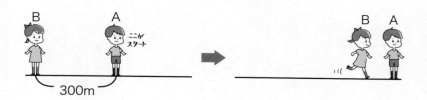

300m

　追いかける・逃げるの「片想いバージョン」なので、2人の速さを引いて計算しましょう。

$$70 - 50 = 20$$

(は) **(速さ)** … 分速 20m

(じ) **(時間)** … x 分

(き) **(距離)** … 300m

$50 \times 6 = 300$（これはさっき計算しましたね。）

単位は OK!

よって $\underset{(は)}{20} \times \underset{(じ)}{x} = \underset{(き)}{300}$

$x = 300 \div 20 = 15$（分）

ここで1つ注意です。答えは 9：15 ではないですよ〜。

「15分」はBさんが歩き始めてから追いつくまでの時間です。Aさんが先に 9：00 から6分歩いているから、Bさんの歩き始めは 9：06 です。

よって、答えは 9：06 から 15 分後で 9：21 ですね。

答え：C

問3 難易度：★★★

1周20kmの湖の周りを、Aは時速11km、Bは時速14kmで、同地点から反対方向に走り始めた。2人が再び出会うのは何分後か。

A　30分後　　B　45分後
C　60分後　　D　75分後
E　A〜Dのいずれでもない

解き方

この問題は向かい合って走る両想いバージョンです…が、スタートの時点でお互いにお尻を向けているし、矢印が直線でないからわかりにくいかもしれません。

矢印を広げて直線に書き直します。

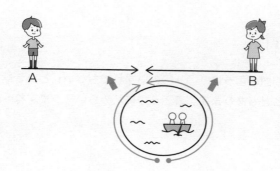

これなら全体像がはっきりしますね。2人の速さを足して計算しましょう。

11 + 14 = 25

(は) **(速さ)** …時速 25km

(じ) **(時間)** … x 時間

(き) **(距離)** …20km

単位は OK!

よって、$\underset{\text{(は)}}{25} \times \underset{\text{(じ)}}{x} = \underset{\text{(き)}}{20}$

$x = 20 \div 25 = \dfrac{4}{5}$ （時間）= 48（分）

×60

よって、48 分後で正解は E となります。

答え：E

POINT!

この問題のように「○～○のいずれでもない」という選択肢が答えのこともあります。答えるのにためらいそうですね～。

問4　難易度：★★★

1周1kmの池の周りを、Aは時速11km、Bは時速14kmで、同地点から同じ方向に走り始めた。BがAに追いつくのは何分後か。

A　20分後　　B　30分後
C　40分後　　D　50分後
E　A〜Dのいずれでもない

解き方

状況がつかみにくい人は、Aの立場で考えてみましょう。

池の周りを同地点から同じ方向にBと走っていて、Bに追いつかれる…というのは、つまりAが1周遅れになってしまったということです。

つまり、Bの方がAよりも1周（1km）多く走ったことになります。ゴール地点を揃えて、問3と同様に直線に書き直すと以下のようになります。

2人の速さを引いて計算しましょう。

$14 - 11 = 3$

(は) **(速さ)**…時速3km　　(じ) **(時間)**… x 時間　　(き) **(距離)**…1km

単位はOK!

よって $\underset{(は)}{3} \times \underset{(じ)}{x} = \underset{(き)}{1}$　　$x = 1 \div 3 = \dfrac{1}{3}$（時間）$= 20$（分）

$\times 60$

よって、20分後で正解はAとなります。

答え：A

頻出度 : ★★★ 　 ★★★ 　W ★★★
必要な復習：単位換算、小数計算、分数計算

通過算 — 電車は長いのよ

1 通過算は分数地獄？

先生、「通過算」を予習してきました。「速さ」の電車バージョンですね。

素晴らしい！ 「速さ」の中で、電車自体に長さがある問題を通過算といいます。
一般的に、トンネルや鉄橋などを通過する問題が多いです。

例 題

P さんの目の前を時速 54km の電車が 2 秒で通過した。
この電車の長さは何mか。

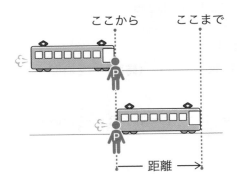

この問題なんですが…。
Ｐさんの目の前を通過したということは、電車の先頭が通過したところから、最後部が通過するまでということで…。
「距離＝電車の長さ」ですよね。

いいですね！　その通りです。

3
日目

は (速さ)…時速 54 k m

じ (時間)…2 秒 ＝ $\dfrac{2}{60}$ 分 ＝ $\dfrac{2}{3600}$ 時間

　　　　　　　÷60　÷60

よって 54 × $\dfrac{2}{3600}$ ＝ $\dfrac{3}{100}$ (km) ＝ 30(m)
　　　は　　じ　　　き　　　　×1000

答 30m

答えは出たのですが…この**分数地獄**って一体。
前にも一回あったような…。

よく頑張って計算しましたね。正解です。
でも、1 つ謝らなければならないことがあります。単位は速さに合わせるといいましたが、通過算は例外なんです。
なぜならば速さに合わせると**分数地獄**が待っていることが多いのです〜。

そ、そうだったんですか。地獄から脱出するにはどうしたらいいですか？

地獄から脱出するために、速さの単位を他に合わせます。

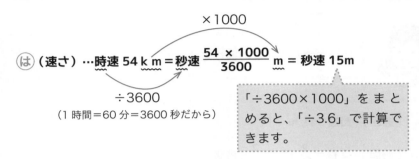

は（速さ）…時速 54 km＝秒速 $\dfrac{54 \times 1000}{3600}$ m ＝ 秒速 15m

×1000

÷3600
（1 時間＝60 分＝3600 秒だから）

「÷3600×1000」をまとめると、「÷3.6」で計算できます。

これでもまだ計算が地獄レベルのような気がします。

そうですよね。
そこで提案なのですが、通過算の特徴として、速さの単位が「時速○○ km」なのに対して、時間は「秒」、距離は「m」であることが多々あります。つまり「時速○○ km」を「秒速○○m」にする計算が必要になることが多いのです。
問題を解くたびに「1km ＝ 1000 mだから…」などと考えずに、上に書いてあるように「時速○○ km」から「秒速○○m」への計算は「÷ 3.6」だと覚えておくのはいかがでしょうか。

💡 POINT解説

通過算はまずこの作業から ⇨ は 時速○○ km＝秒速○○m

÷3.6

なるほど。シンプルになりましたね。確かに地獄から脱出できそうです。

覚えておけば時間短縮にもつながりますね。ちなみに、元々単位が合っている場合はそのままで計算し、これ以外の単位の場合は、今まで通り速さの単位に合わせるといいですよ。

2 通過算の距離は？

もう1つ通過算で重要になるのが、(き)（距離）です。
電車自体が長く無視できないので、距離を慎重に考える必要があります。電車の1か所（例えば先頭）を決めて、どこからどこまで移動したのかを確認します。
次の例を見てください。

電柱を通過し始めてから最後部が通過し終えるまで。

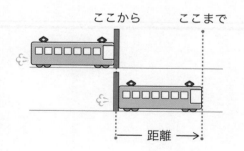

(き)（距離）= 電車の長さ

135

鉄橋を渡り始めてから完全に渡り終えるまで。

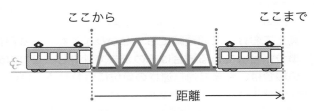

ここから　　　　　　　　　　　　　　ここまで

←──────── 距離 ────────→

(き)（距離）＝ 鉄橋の長さ＋電車の長さ

ここまでできれば、あとは「(は)（速さ）×(じ)（時間）＝(き)（距離）」で計算するのみです。

解き方の確認

✔ まず単位を見る…(は)（速さ）　時速○○km ＝秒速○○m
　　　　　　　　　　　　　　　　　　　　　　　　　　　↑
✔ 距離の確認…どこからどこまで進むのか　　÷3.6

✔ (は)（速さ）×(じ)（時間）＝(き)（距離）

練習問題

問1 難易度：★☆☆

　Pさんの目の前を時速 54km の電車が 2 秒で通過した。この電車の長さは何mか。

A　20 m　　B　25 m　　C　30 m　　D　35 m　　E　40 m
F　A〜Eのいずれでもない

解き方

Pさんの目の前を通過するとき、電車の進んだ距離は電車の長さと等しいですね。

— 距離 →

き（距離）= 電車の長さ

は (速さ)…時速 54km ＝秒速 15m

÷ 3.6

じ (時間)…2 秒　　き (距離)…電車の長さ

よって　15 × 2 ＝ 30(m)
　　　　 は 　 じ 　 き

よって、電車の長さは 30m で、正解は C です。

答え：C

問2 難易度：★★☆

　長さ 800 m のトンネルを、長さ 140 m の列車が時速 108km で通過する。この列車がトンネルに完全に隠れている時間は何秒か。

A　20秒　　B　22秒　　C　24秒　　D　26秒　　E　28秒

F　A〜E のいずれでもない

解き方

　列車がトンネルに完全に隠れているときに列車の進んだ距離は、トンネルの長さから列車の長さを引けばよいですね。

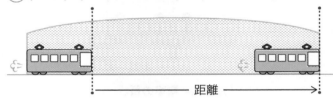

(距離)=(トンネルの長さ)ー(列車の長さ)

距離

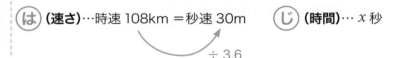

(速さ)…時速 108km ＝秒速 30m　　(時間)… x 秒

÷3.6

(距離)…(トンネルの長さ)ー(電車の長さ)＝ 800 − 140 ＝ 660(m)

$30 \times x = 660$　　$x = 660 \div 30 = 22$(秒)

　よって、正解は B です。

答え：B

問3 難易度：★★☆

　　長さ 750 m の鉄橋を、長さ 150 m の電車が完全に渡りきるまで 45 秒かかった。この電車の速さは秒速何mか。

A　秒速 15 m 　　B　秒速 20 m 　　C　秒速 25 m 　　D　秒速 30 m

E　A〜D のいずれでもない

=== 解き方 ===

　　鉄橋を完全に渡りきるときは、電車の先頭が鉄橋に入るところから、電車の最後尾が鉄橋から出るところまでです。下の図より、進んだ距離は鉄橋の長さと電車の長さを足せばよいことがわかります。

き (距離)=(鉄橋の長さ)+(電車の長さ)

ここから　　　　　　　　　　　　　　　ここまで

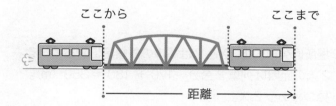

距離

は (速さ)…秒速 x m 　　**じ** (時間)…45 秒

き (距離)…(鉄橋の長さ) + (電車の長さ) = 750 + 150 = 900(m)

$\underset{は}{x} \times \underset{じ}{45} = \underset{き}{900}$ 　　$x = 900 \div 45 = 20$ 　よって、秒速 20m

よって、正解は B です。

答え：B

問4 難易度：★★★

　長さ170mの上り列車Aが秒速20mで走っている。この列車が、秒速15m、長さ180mの下り列車Bとすれ違うのに何秒かかるか。

A　10秒　　　B　12秒　　　C　14秒　　　D　16秒

E　A～Dのいずれでもない

═══════════ 解き方 ═══════════

　列車が2台出てきましたね。この問題は ★★通過算と旅人算（両想いバージョン）のコラボ★★ です。

　旅人算でしたように、恋愛に例えてみましょうか。どんどん近づくのがわかるように、列車の先頭でなく最後尾に注目…いやいや、列車の最後尾にいる2人に注目しましょう。

　　　場所は列車の上。AとBは電車の最後尾に立っている。
　　　2人の距離は列車2台分…170 + 180 = 350（m）。
　　　見つめあう2人。
　　　「好きだーっ！」と叫ぶA。
　　　「私もよー！」と答えるB。
　　　Aの列車が秒速20m、Bが秒速15mですれ違う。
　　　出会う2人。めでたく両想い♡
　　　…と思いきや、あっという間にお別れ…（THE·END）

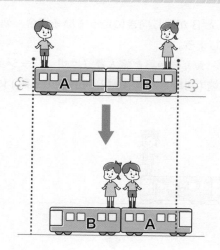

　向かい合ってどんどん近づくので2人の速さを足して計算します。ちなみに
この問題は単位はそろっていますよ。

20 + 15 = 35

は (速さ)…秒速 35m

じ (時間)… x 秒

き (距離)… 170 + 180 = 350 （m）

列車 A の長さ+列車 B の長さ

よって　$\underset{は}{35} \times \underset{じ}{x} = \underset{き}{350}$　　$x = 350 \div 35 = 10$ （秒）

よって、列車がすれ違うのに 10 秒かかり、正解は A です。

答え：A

　ちなみに、列車 A と B が同じ向きに走っている場合、列車 A が B を追い越すのに何秒かかるでしょう。

　こういった場合は、★★通過算と旅人算（片想いバージョン）のコラボ★★と考えます。列車の端 (列車 A の最後尾と列車 B の先頭) にいる 2 人に注目しましょう。

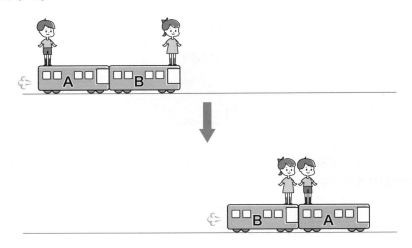

　追い越す前の 2 人の距離は問 4 と同様に 350 m。そして、ここから追いかけると考えると、

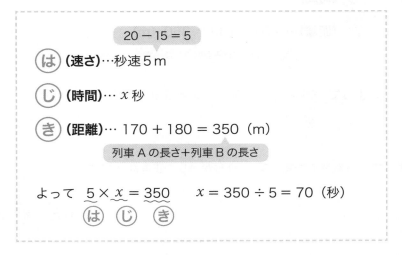

$20 - 15 = 5$

は **(速さ)**…秒速 5 m

じ **(時間)**… x 秒

き **(距離)**… $170 + 180 = 350$（m）
　　　　　列車 A の長さ＋列車 B の長さ

よって　$\underset{は}{5} \times \underset{じ}{x} = \underset{き}{350}$　　　$x = 350 \div 5 = 70$（秒）

よって、列車 A が B を追い越すのには 70 秒かかります。

DAY

4

割 合

シリーズ

Point
「ぜん（全体）× わり（割合）＝ぶ（一部分）」を利用して、濃度や塩の量を求めたり、定価や利益を求めたりします。解き方の道筋をマスターしましょう！

割合
「ぜん×わり＝ぶ」と覚えましょう

1 ％の考え方

ゆいちゃんの高校にはスポーツ部の生徒は何人くらいいましたか？

部活の加入率が全体の 70％で、その中でスポーツ部が 70％です。生徒数が 1000 人だから、スポーツ部は半分以上… 500 人以上いました。

・・・。

あれ？　もっとたくさんいますか？

ちがーう！
部活に入っている人は、1000 人のうち 70％で、1000 × 0.7 = 700(人)。その中でスポーツ部は、700 × 0.7 = 490(人)。500 人は超えません。

1000 人

部活加入 700 人

部活未加入 300 人

スポーツ部 490 人

その他 210 人

なるほど〜。でも、なんで 70%は 0.7 を掛けるんですか？

全体は「100％＝1」なので、「1％＝0.01」です。％と小数では小数点2つ分違うということです。
詳しくは次の「先生の講義」を読んでくださいね。
ちなみに、左ページの式はまとめて次のように書くこともできます。

$$1000 \quad \times \quad 0.7 \quad \times \quad 0.7 = 490(人)$$

全体の 70%　　その 70%

4
日目

2 「○％」⇔「小数」

％を小数へ、小数を％に直す練習をしましょう。

先生の講義

%⇒小数

小数点の位置が％から2つ左にずれます。

例： 3 7 ％ =0.37

　　 1 2 . 6 ％ =0.126

0 0 0 . 5 ％ =0.005

わかりにくかったら、左に「0」を書き加えるといいですよ。

小数⇒%

小数点の位置が2つ右にずれたところが「%」です。「%⇒小数」と反対の作業ですね。

例： $0.91 = 91\%$

$0.357 = 35.7\%$

$0.80 = 80\%$

> 右に「0」を書き加えるとわかりやすいですね。

③ 「○割」 ⇔ 「小数」

> 割合を表す単位は「%」の他に「割」があります。全体が「10割 = 1」ですから、「1割 = 0.1」です。
> 「割」を「小数」にすると、小数点の位置が1つ左にずれるということです。「割」は「%」と違って、1ケタごとに単位が変わります。

> 野球の打率は○割○分○厘と表しますね。

> そうですね。SPIでは「厘」は滅多に出てきませんが、覚えておくとよいでしょう。では、練習してみましょう。

先生の講義

割⇒小数

小数点の位置が「割」から１つ左にずれます。

例： 3 割 ＝0.3

4 割 9 分 ＝0.49

> 「0 割」を加えると小数点の位置がはっきりしますね。

7 分 ＝ 0 割 7 分＝0.07

小数⇒割

小数点の位置が１つ右にずれたところが「割」です。

例： 0.9 ＝9 割

0.678 ＝6 割 7 分 8 厘

> 「割」の次は「分」「厘」と続けていきましょう。

0.05 ＝0 割 5 分＝5 分

※ 「○％」⇔「小数」＆「○割」⇔「小数」がアヤシイ人は巻末の復習コーナーへ GO!

4 　割合の計算…ぜんわりぶ？

ゆいちゃんの高校の話に戻りましょう。生徒数が１０００人で、部活加入率が 70％のとき、部活に入っている生徒数はこのように計算します。

$$\underset{\substack{全体\\(生徒数)}}{\textbf{1000}} \times \underset{\substack{割合\\(70\%)}}{\textbf{0.7}} = \underset{\substack{一部分\\(部活加入)}}{\textbf{700}}$$

「全体×割合＝一部分（いちぶぶん）」と計算すれば OK です。

「全体×割合＝一部分」…「全体×割合＝一部分」…なかなか覚えられません。

私も覚えるのは苦手なので、その気持ちはよくわかります。「全体×割合＝一部分」で、「ぜん×わり＝ぶ（ぜんわりぶ）」で覚えましょうか。

ぜんわりぶ…なんとなく覚えられそうな気がしてきました。逆に、部活加入率が全体の70％で700人だと分かっているとき、生徒数を求めるにはどうしたら良いですか？

いい質問ですね。そのときも「ぜんわりぶ」です。全体を x とおいて式を作りましょう。

$$\underset{\substack{\text{ぜん}\\(\text{生徒数})}}{x} \times \underset{\substack{\text{わり}\\(70\%)}}{0.7} = \underset{\substack{\text{ぶ}\\(\text{部活加入})}}{700}$$

$$x = 700 \div 0.7 = 1000（人）$$

なるほど。1つの公式だけで解けるんですね。
生徒数が1000人、部活に入っている人が700人だとわかっていて、その割合を求めるときも、割合を x とおけばいいですか？

その通りです。次のように計算しましょう。
割合は小数を％に直すのを忘れずに！

$$\underset{\text{ぜん}}{1000} \times \underset{\text{わり}}{x} = \underset{\text{ぶ}}{700}$$

$$x = 700 \div 1000 = 0.7 = 70（\%）$$

練習問題

問 1 難易度： ★☆☆

　ある大学では、東西2つのキャンパスが学部ごとに分かれており、全学生1000人のうち40%が東キャンパスに通っている。

(1) 東キャンパスの学生のうち30%が教育学部生であり、そのうち35%が歴史専攻である。歴史専攻の学生は何人いるか。

A　37人　　　B　38人　　　C　39人　　　D　40人　　　E　41人
F　42人　　　G　A～Fのいずれでもない

(2) 西キャンパスの学生のうち85%が理工学部生である。理工学部生は大学全体の何%か。

A　51%　　　B　52%　　　C　53%　　　D　54%　　　E　55%
F　56%　　　G　A～Fのいずれでもない

解き方

(1) ○○の○%、そのうち△%…と続く場合は、下のような樹形図を書くと整理しやすいです。

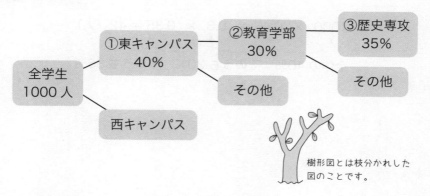

樹形図とは枝分かれした図のことです。

　「①東キャンパス」から見ていきましょう。東キャンパスは全学生の40%なので、

$$1000 \times 0.4 = 400 \,(人)$$
ぜん　わり　ぶ

「②教育学部」は東キャンパス全体の 30%なので、

$$400 \times 0.3 = 120 \,(人)$$
ぜん　わり　ぶ

「③歴史専攻」は教育学部全体の 35%だから、

$$120 \times 0.35 = 42 \,(人)$$
ぜん　わり　ぶ

よって、正解は F です。

答え：F

慣れてきたら、まとめて以下のようにできるとよいですね。

$$1000 \times 0.4 \times 0.3 \times 0.35 = 42 \,(人)$$

全体の 40%　そのうち 30%　そのうち 35%

（2）（1）と同様に樹形図を書くと以下のようになります。

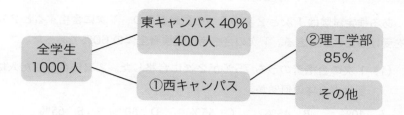

「①西キャンパス」について。東キャンパスが全学生の 40％だから、西キャンパスは 60％となり、

$$1000 \times 0.6 = 600 \text{（人）}$$
ぜん　わり　ぶ

（1）より、東キャンパスの人数を使って
1000 − 400 = 600（人）と求めても OK。

「②理工学部」は、西キャンパス全体の 85％なので、

$$600 \times 0.85 = 510 \text{（人）}$$
ぜん　わり　ぶ

もちろん 1000 × 0.6 × 0.85 = 510（人）
と求めても OK。

「理工学部生は大学全体の何％か？」を求める式を作りましょう。

$$1000 \times x = 510 \qquad x = 510 \div 1000 = 0.51 = 51 \text{（％）}$$
ぜん　わり　ぶ

よって、正解は A です。

答え：A

4
日目

問2 難易度：★★☆

　ある検定試験は1次と2次の2つの試験があり、1次に合格すると2次を受けることができる。1次の合格者は受検者全体の60%であった。

(1) 1次の合格者のうち75%が2次に合格した。2次に合格した人は受検者全体の何%か。

A　40%　　　B　45%　　　C　55%　　　D　60%　　　E　65%

F　A〜Eのいずれでもない

(2) 1次の合格者のうち40%が学生で、そのうちの75%が大学生だった。この検定の受検者の大学生の比率が45%だったとすると、受検した大学生のうち1次に合格したのは何%か。

A　25%　　　B　30%　　　C　35%　　　D　40%　　　E　45%

F　A〜Eのいずれでもない

═══════ 解き方 ═══════

(1) 受検者も合格者も人数が書いていませんね。このような場合は受検者全体を100人と設定しましょう。

　なぜ100人かって？

「ぜん（全体）＝ 100% ＝ 100人」となり、計算した人数をそのまま%として答えることができ、便利だからです。

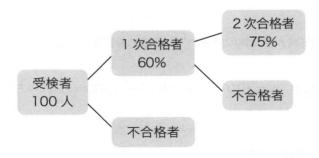

1つの式にまとめて計算します。

$$100 \times 0.6 \times 0.75 = 45 （人）$$

全体の 60%　そのうち 75%

2 次に合格した人は 45 人で、受検者全体の 45%といえます。

答え：B

(2) まず、受検者数を100人として、1次に合格した大学生の人数を求めます。

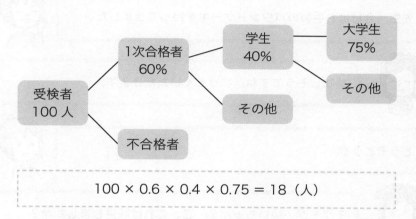

$$100 \times 0.6 \times 0.4 \times 0.75 = 18 （人）$$

次に、受検した大学生の人数を求めます。受検者 100 人のうちの 45%が大学生なので、

$$100 \times 0.45 = 45 （人）$$

「受検した大学生全体の何%が 1 次に合格したか？」を式にしましょう。

$$\underset{ぜん}{45} \times \underset{わり}{x} = \underset{ぶ}{18} \qquad x = 18 \div 45 = 0.4 = 40(\%)$$

よって、正解は D となります。

答え：D

153

濃度算 ——— 割合の考え方と同じなのだ

① ケーキの怪

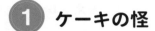

先生、今日はお手製のパウンドケーキを持ってきました♪

美味しそうですね。さっそくいただきます。

どうぞどうぞ。

モグモグ…ゆいちゃん？　こ、これは味見しましたか？

し、していませんが…。私も食べてみます。
モグモグ…うわー、しょっぱいっ!!

ちゃんとレシピ通りに作りましたか？

はい。卵2個、砂糖50g、塩ひとつかみ、牛乳…。

ちょっと待った！　今、「塩」の後になんて言いました？

ひとつかみ…ですが。

レシピをよく読んで！

あーー！　ひとつまみ…でした。思いっきりつかんじゃいました（恥）。

4
日目

ドンマーイ。だけど相当な塩分濃度になっちゃいましたね。今日はその濃度算について勉強しますので、次は甘いケーキを作ってくださいね。

はい。味見すればよかったです。

THE☆
HITOTSUKAMI

THE☆
HITOTSUMAMI

あちゃ〜っ

② 濃度とは？

さて、気を取り直していきましょう。ここではケーキではなく、食塩水で考えます。食塩水の中に入っている食塩の割合を「濃度」といいます。

「割合」というと、section1 で勉強した「ぜん×わり＝ぶ」を思い出しますね。

いいことを言いますね。実は、濃度算は割合と全く同じ考え方をします。ここでは、全体は食塩水の量、割合は濃度、一部分は食塩の量を表します。

全体…食塩水＝食塩＋水   一部分…塩

食塩水　×　濃度　＝　塩

割合…濃度

ちなみに、全体（食塩水）は、元々「食塩水 100 g」などと書いてある場合と、「食塩 10 g を水 300g を加えた（←この場合は、足して 310 g）」などと書いてある場合があります。
さあ、問題を解いてみましょう。食塩もたくさん<u>溶けて</u>いたし、問題も<u>解ける</u>かな？

先生、つまらないのでザブトン…いや、ケーキ全部あげます。

練習問題

問 1　難易度：★☆☆

（1）7％の食塩水 200 g に含まれている食塩の量は何 g か。

A　14 g　　　B　16 g　　　C　18 g　　　D　20 g

E　A～Dのいずれでもない

（2）6 ％の食塩水を作る。30 g の食塩を何 g の水に加えればよいか。

A　440 g　　　B　470 g　　　C　500 g　　　D　530 g

E　A～Dのいずれでもない

（3）450 g の食塩水に 36 g の食塩が含まれている。この食塩水の濃度は何％か。

A　6.5%　　　B　7 %　　　C　7.5%　　　D　8%

E　A～Dのいずれでもない

4
日目

解き方

（1）「食塩水×濃度＝塩」の公式を使います。食塩水…200g、濃度…7％だから、

$$7\% = 0.07$$

$$\underset{\text{食塩水}}{200} \times \underset{\text{濃度}}{0.07} = \underset{\text{塩}}{14}\ (\text{g})$$

答え：A

（2）濃度と食塩の量がわかっていますので、食塩水の量を x とおいて式を作りましょう。食塩水… x g、濃度…6％、塩…30gだから、

$$\underset{\text{食塩水}}{x} \times \underset{\text{濃度}}{0.06} = \underset{\text{塩}}{30} \quad x = 30 \div 0.06 = 500(\text{g})$$

食塩水の量が 500 g だとわかりました。そのうちの水の量は、次のように計算できますね。

$$500 - 30 = 470 (g)$$

答え： B

（3）食塩水と食塩の量がわかっています。濃度を x とおきましょう。

36g の食塩も含めて 450g です

食塩水… 450 g、食塩…36 g だから、

$$\underset{\text{食塩水}}{450} \times \underset{\text{濃度}}{x} = \underset{\text{塩}}{36} \qquad x = 36 \div 450 = 0.08 = 8 (\%)$$

% にするのを忘れずに★

答え： D

問2　難易度：★★☆

(1) 8％の食塩水240gに水を加えたら6％の食塩水になった。何gの水を加えたか。

A　60g　　　　B　70g　　　　C　80g　　　　D　90g

E　A〜Dのいずれでもない

(2) 12％の食塩水400gに食塩を40g加えると、食塩水の濃度は何％になるか。

A　15%　　　　B　20%　　　　C　25%　　　　D　30%

E　A〜Dのいずれでもない

解き方

（1） 出来上がりの食塩水でわかるのは濃度だけです。こういう場合は、元の食塩水、出来上がりの食塩水の順に式を立てましょう。元の食塩水は240gで、濃度が8％なので、

$$\text{元の食塩水：} \underbrace{240}_{\text{食塩水}} \times \underbrace{0.08}_{\text{濃度}} = \underbrace{19.2}_{\text{塩}} \text{（g）}$$

これで元の食塩水に塩が 19.2g 含まれていることがわかりました。

次に出来上がりの食塩水ですが、水を加えるとそれぞれ次のように変化しますね。

食塩水 ➡ 水の分だけ増える（何gになるかはわからない）

濃　度 ➡ 6%に変わる

食　塩 ➡ そのまま 19.2g

よって、出来上がりの食塩水は…

出来上がりの食塩水：

$$\underset{\text{食塩水}}{x} \times \underset{\text{濃度}}{0.06} = \underset{\text{塩}}{19.2} \qquad x = 19.2 \div 0.06 = 320 \text{（g）}$$

食塩水が 240 g から 320 g に増えたので、加えた水は次のように計算できますね。

$$320 - 240 = 80 \text{（g）}$$

よって、正解は C です。

答え：C

（2）この問題も、出来上がりの食塩水は式が書けないので、元の食塩水の式を考えましょう。元の食塩水は400gで濃度が12%なので、塩の量は、

$$\text{元の食塩水：} \underset{\text{食塩水}}{400} \times \underset{\text{濃度}}{0.12} = \underset{\text{塩}}{48} \text{（g）}$$

これに食塩を 40 g 加えると…

食塩水 ➡	400 + 40 = 440（g）
濃　度 ➡	変わる（何%かわからない）
食　塩 ➡	48 + 40 = 88（g）

よって、出来上がりの食塩水は次のようになります。

$$\underset{\text{食塩水}}{440} \times \underset{\text{濃度}}{x} = \underset{\text{塩}}{88} \qquad x = 88 \div 440 = 0.2 = 20 \text{（%）}$$

食塩水の濃度は 20% となり、正解は B です。

答え：B

ここまでをまとめておきましょう。

～ 食塩水に水や塩を加えるとき ～

元の食塩水と、出来上がりの食塩水の2つについて式を作りましょう。

$$食塩水 × 濃度 = 塩$$

水を○g加えると ➡ **「食塩水」** ➡ ○g増える

「濃　度」 ➡ 変わる

（問題に書いてある or 計算する）

「食　塩」 ➡ 変わらない

食塩を○g加えると ➡ **「食塩水」** ➡ ○g増える

「濃　度」 ➡ 変わる

（問題に書いてある or 計算する）

「食　塩」 ➡ ○g増える

4
日目

食塩を加えると「食塩水全体の量」も増えますよ。

問3 難易度：★★☆

7％の食塩水 300 gに 10%の食塩水 150 gを加えると、食塩水の濃度は何%になるか。

A 8%　　B 8.5%　　C 9%　　D 9.5%　　E 10%

F　A〜Eのいずれでもない

════════════ 解き方 ════════════

今までの問題のように、「水だけを入れる」「食塩だけを入れる」ではなく、ちょっと複雑ですね。元の食塩水 A（7％の食塩水 300g）、元の食塩水 B（10%の食塩水 150g）、出来上がり C に分けて考えましょう。

元の食塩水 A：300 × 0.07 = 21（g）
食塩水　　濃度　　塩

元の食塩水 B：150 × 0.1 = 15（g）
食塩水　　濃度　　塩

食塩水 A に B を加えると…

食塩水 ➡ 300 + 150 = 450（g）

濃 度 ➡ 変わる（何%かわからない）

食 塩 ➡ 21 + 15 = 36（g）

「%」は足せません。7%と10%の食塩水をまぜても17%にはならないので注意。

よって、出来上がりの食塩水 C は、濃度を x として次のように計算できます。

出来上がり C :

$$\underset{食塩水}{450} \times \underset{濃度}{x} = \underset{塩}{36} \qquad x = 36 \div 450 = 0.08 = 8 \text{ (\%)}$$

食塩水の濃度は 8 ％となり、正解は A です。

答え : A

解き方の確認

✔ 食塩水と食塩水を混ぜるとき「元の食塩水 A」、「元の食塩水 B」、「出来上がり C」に分けて考える

4
日目

問4 難易度： ★★★

次表は、P、Q、Rの3つのカップに入れた食塩水の濃度を表したものである。PとQの食塩水の重さは等しく、Rの重さの2倍である。

カップ	濃　度
P	10%
Q	20%
R	30%

（1）PとRに含まれる食塩の量は等しい。この推論は正しいか。

　A　正しい　　　B　誤り　　　C　どちらともいえない

（2）QとRを混ぜると、食塩水の濃度は25%になる。この推論は正しいか。

　A　正しい　　　B　誤り　　　C　どちらともいえない

解き方

濃度算は、このような推論の問題（詳しくは5日目）として出題されることが多くあります。

（1）食塩水の量も食塩の量も具体的には分かりませんが、「PとQの食塩水の重さは等しく、Rの重さの2倍である。」とあります。Rの重さを100g、Pはその2倍で200gとして計算しましょう。

> P: 10%の食塩水 200g　$\underset{\text{食塩水}}{200} \times \underset{\text{濃度}}{0.1} = \underset{\text{塩}}{20}$（g）
>
> R: 30%の食塩水 100g　$\underset{\text{食塩水}}{100} \times \underset{\text{濃度}}{0.3} = \underset{\text{塩}}{30}$（g）

PとRに含まれる食塩の量は異なるので、「誤り」です。

答え：B

(2) Qの食塩水はPと重さが等しいので、200gとします。

Q: 20%の食塩水 200g $\underset{\text{食塩水}}{200} \times \underset{\text{濃度}}{0.2} = \underset{\text{塩}}{40}$ (g)

よって、QとRを混ぜると、食塩水は 100 + 200 = 300 (g)、食塩は 40 + 30 = 70 (g) となり、

$$\underset{\text{食塩水}}{300} \times \underset{\text{濃度}}{x} = \underset{\text{塩}}{70}$$

$$x = 70 \div 300 = 0.23\cdots \fallingdotseq 23 \ (\%)$$

濃度は 25%にならず、「誤り」です。

答え：B

4
日目

濃度の問題は、てんびんの原理を使って解くこともできます。テクニック的な解法なので、特典動画で詳しく説明しますね。

3 section

頻出度： ★★★　★★★　W ★★★
必要な復習：割合の単位、小数計算、1次方程式

損益算　げてばを並べて書くのだ

1 損益算とは？

今回は損益算の学習をします。

定価とか売価とか…いくらで買うか求める問題ですよね？

う～ん、おしい！　損益算のポイントは「いくらで買うか」ではなく「いくらで売るか」です。すなわち、買う立場ではなく、売る立場になって考えるのがポイントになります。
例えば、ゆいちゃんがバナナ屋を始めるとします。まず何をしますか？

バナナを育てる…わけにはいかないから、まず市場で買います。

そうですね。例えば30円で仕入れたとしましょう（←これを原価といいます）。そしてそのバナナを100円で売っていたのですが（←これを定価といいます）、どうも売れない。バナナはついに黒くなってきました。次にゆいちゃんはどうしますか？

値下げして50円でたたき売りにします（←これを売価といいます）。

166

いかにもバナナ屋でいいですね。では、ゆいちゃん、50 円でバナナが売れました。いくらもうかりますか？（←これを利益といいます）

30 円で買ってきて 50 円で売ったから、利益は 20 円です。

 その通りです。この流れがわかれば損益算は OK です。

| 用語 確認 | **原価**…仕入れた値段のこと。仕入れ値ともいいます。
定価…割引前の売る値段のこと。
売価…割引後の売る値段のこと。バーゲン、セールなど。
利益…もうかった金額のこと。（定価 or 売価）－（原価）で求められます。 |

4
日目

167

② 原価、定価、売価を考えよう

先ほどのバナナ屋に話を戻します。ゆいちゃんは、30円で仕入れて、100円で売りました。その後、50円に値下げしました。これを「原価（略して⑲）」「定価（略して⑭）」「売価（略して⑭）」と並べて書くと次のようになりますね。

⑲（原価）　30 ←┐
⑭（定価）　100　　　50 － 30 ＝ 20（利益）
⑭（売価）　50 ──┘

なるほど。並べて書くと整理できますね。

それに、平仮名だと時間の短縮にもなりますね♪

損益算はこのように並べて書くようにしましょう。

③ 原価と定価

実際の問題では、定価の設定を「原価の3割増しで」「3割の利益を見込んで」「3割の利益率で」などということが多いです。これはどれも同じ意味です。

3割増しということは、0.3増し…ですか？

そうです。「原価（全体）＝1」に対して「3割＝0.3」アップするので、1.3（← 1+0.3 ＝ 1.3）を掛ければいいということです。section1の「割合」で学んだことを思い出して計算しましょう。

4
日目

例 題 ▶▶▶▶▶▶▶▶▶▶▶▶▶▶▶▶▶▶▶▶▶▶▶▶▶▶▶▶▶▶▶▶▶▶

原価100円のバナナに3割増の定価をつける。定価はいくらか？

げ **(原価)** 100

て **(定価)** 130

ば **(売価)**

$$100 × 1.3 = 130$$

3割増：1 + 0.3 = 1.3

売価は出てこないので省略

答 130円

◀◀◀◀◀◀◀◀◀◀◀◀◀◀◀◀◀◀◀◀◀◀◀◀◀◀◀◀◀◀◀◀◀◀◀◀◀◀◀

4 定価と売価

売価は「50円引」などの他に「4割引」などという言い方がありますね。

バーゲンに行くと目にしますね。

そうですね。4割引は、「定価（全体）＝1」に対して「40%＝0.4」ダウンするので、0.6（←1－0.4＝0.6）を掛ければよいです。

例 題 ▶▶▶▶▶▶▶▶▶▶▶▶▶▶▶▶▶▶▶▶▶▶▶

定価130円のバナナを4割引にすると、売価はいくらか？

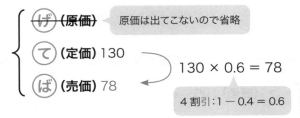

$130 \times 0.6 = 78$

4割引：$1 - 0.4 = 0.6$

答 78円

◀◀◀◀◀◀◀◀◀◀◀◀◀◀◀◀◀◀◀◀◀◀◀◀◀◀◀◀◀◀◀◀

解き方の確認

✔ 「3割増し」
「3割の利益を見込んで」 ⎤
「3割の利益率で」 ⎦ ⟶ × 1.3

✔ 「4割引」 ⟶ × 0.6

練習問題

問1 難易度：★☆☆

(1) 原価500円の商品に7割の利益率で定価をつけた。定価はいくらか。

A 750円　　　B 800円　　　C 850円　　　D 900円
E A～Dのいずれでもない

(2) 定価8000円の商品を25%引きで売ることにした。売価はいくらか。

A 6000円　　　B 6300円　　　C 6600円　　　D 6800円
E A～Dのいずれでもない

(3) ある商品に原価の6割の利益を見込んで3200円の定価をつけた。原価はいくらか。

A 1400円　　　B 1600円　　　C 1800円　　　D 2000円
E A～Dのいずれでもない

4
日目

解き方

(げ)(原価)、(て)(定価)、(ば)(売価)、を並べて整理しましょう。

(1) 7割の利益率の定価とは、原価の7割増しのことなので、1.7（←1 +0.7＝1.7）を掛ければよいですね。

(げ)(原価) 500
(て)(定価) 850

500 × 1.7 = 850（円）

答え：C

（2）定価の8000円を全体と考えましょう。25%引きは0.75（←1−0.25＝0.75）を掛けます。

$$8000 \times 0.75 = 6000 \ （円）$$

答え：A

（3）「6割の利益を見込んで」は、6割増しなので原価に1.6（←1＋0.6＝1.6）を掛けます。原価はわからないので x とおきます。

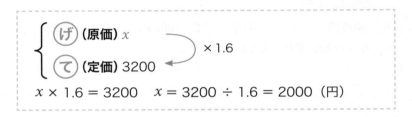

$$x \times 1.6 = 3200 \quad x = 3200 \div 1.6 = 2000 \ （円）$$

答え：D

解き方の確認

✔ げ（原価）、て（定価）、ば（売価）をタテに並べて書く

問2　難易度：★☆☆

　原価 3300 円の商品に 2 割増しの定価をつけたが、売れなかったので 2 割引きで売ることにした。売価はいくらか。

A　3500 円　　　B　3400 円　　　C　3300 円　　　D　3200 円

E　A〜D のいずれでもない

解き方

　2 割増しで 2 割引きだから、プラマイゼロで 3300 円…ではないので、確かめてみましょう。

　原価と定価の関係がわかっているので、定価から計算します。

$$
\begin{cases}
\text{(げ)（原価）} 3300 \\
\text{(て)（定価）} 3960 \\
\text{(ば)（売価）}
\end{cases}
$$

3300 × 1.2 = 3960（円）

2 割増し→1 + 0.2 = 1.2

次に定価と売価の関係から、売価を計算します。

$$
\begin{cases}
\text{(げ)（原価）} 3300 \\
\text{(て)（定価）} 3960 \\
\text{(ば)（売価）} 3168
\end{cases}
$$

3960 × 0.8 = 3168（円）

2 割引き→1 − 0.2 = 0.8

　よって、正解は「A〜D のいずれでもない」です…。

　しかも 3168 円？　これは大変！　売価より原価が高いので、もうからないですね〜。

答え：E

問3 難易度：★★☆

(1) ある商品に4割の利益を見込んでの定価をつけたが、売れなかったので2割引きで売ったところ、利益が3840円となった。この商品の原価はいくらか。

A　33500円　　B　33000円　　C　32500円　　D　32000円

E　A～Dのいずれでもない

(2) 定価3600円の商品を40%引きで売ったところ、利益は仕入れ値の20%になった。この商品の仕入れ値はいくらか。

A　1500円　　B　1800円　　C　2100円　　D　2400円

E　A～Dのいずれでもない

―――――――― 解き方 ――――――――

(1) 利益以外の金額が載っていないですね。原価を x 円として定価と売価を x を使って表しましょう。

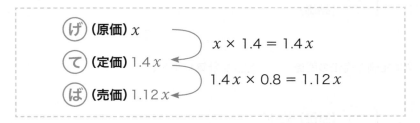

利益が3840円だから、次の式が成り立ちます。

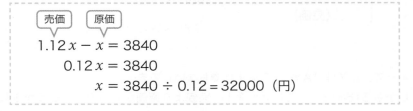

よって、原価は32000円で正解はDです。

答え：D

(2) 原価を x 円とします。売価は定価から計算できますね。

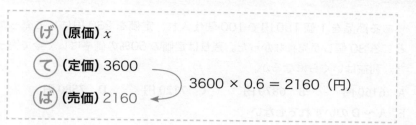

げ **(原価)** x

て **(定価)** 3600

ば **(売価)** 2160

$$3600 × 0.6 = 2160 （円）$$

利益は仕入れ値の 20%、つまり $x × 0.2 = 0.2x$(円)です。これを式にしましょう。

売価　原価
$$2160 - x = 0.2x$$
両辺を 10 倍して、$21600 - 10x = 2x$
$$-10x - 2x = -21600$$
$$-12x = -21600$$
$$12x = 21600$$
$$x = 21600 ÷ 12 = 1800 （円）$$

よって、原価（仕入れ値）は 1800 円で、正解は B です。

答え : B

問4 難易度： ★★☆

　ある商品を 1 個 150 円で 100 個仕入れ、定価を 230 円にして売った
ところ 80 個しか売れなかった。残りは定価の 60%の価格にして全て売っ
た。利益はいくらになるか。

A　6160 円　　　B　6870 円　　　C　7120 円　　　D　7580 円
E　A〜D のいずれでもない

───── 解き方 ─────

　問題に個数が含まれていますね。原価、定価、売価のそれぞれが合計でいく
らになるのか考えましょう。

げ **(原価)** 150 × 100 = 15000

て **(定価)** 230 × 80 = 18400

ば **(売価)** 1 個あたり、230 × 0.6 = 138（円）で、残りの
20 個を売ったので、138 × 20 = 2760

　これより、合計 15000 円で仕入れた商品を、合計 21160 円（= 18400 +
2760）で売ったということが分かりました。
　よって、利益は次のように計算できます。

21160 − 15000 = 6160（円）

　利益は 6160 円で、正解は A です。

答え：A

問5　難易度：★★★

　ある商品を1000円で500個仕入れ、4割の利益を見込んで定価をつけて販売した。売れ残った商品を定価の2割引きで売ったところ完売し、利益は158000円となった。定価で販売した個数はいくつか。

A　250個　　B　280個　　C　300個　　D　320個
E　A〜Dのいずれでもない

=== 解き方 ===

個数も含めて、原価、定価、売価の合計を考えましょう。

げ **(原価)** $1000 \times 500 = 500000$（円）

て **(定価)** 1個当たり、$1000 \times 1.4 = 1400$（円）
　　　　　　x 個売ったとすると、
　　　　　　定価で売れた金額の合計は $1400x$（円）

ば **(売価)** 1個あたり、$1400 \times 0.8 = 1120$（円）
　　　　　　残りの $(500 - x)$ 個を売ると、売価で売れた金額
　　　　　　の合計は、
　　　　　　$1120(500 - x) = 560000 - 1120x$（円）

　$1400x +（560000 - 1120x）= 280x + 560000$（円）より、500000円で仕入れた商品を、合計 $(280x + 560000)$ 円で売り、利益が158000円になったということです。

　これを方程式にして解くと、

$$(280x + 560000) - 500000 = 158000$$
$$280x = 158000 - 560000 + 500000$$
$$280x = 98000$$
$$x = 350(個)$$

よって、定価で 350 個販売したので、正解は E です。

答え：E

DAY 5

推　論

シリーズ

SPI の勉強も後半戦です。4 日目までは計算や方程式がメインでしたが、推論はタイプが違います。パズルを解くイメージで進めましょう！

推 論

図を描けば大丈夫

① 推論って？

今日は「推論」の勉強です。

推論ですか…聞いたことのない分野ですね。

そうそう、今までの「なんとなく小学校から高校までのどこかで聞いたことあるな〜」とは違い、この章からは初めて習う点もあるかもしれません。
「推論」は内容的には謎解きのような感じです。

謎解き！　面白そうですね。さっそくやってみたいです♡

いい意気込みですね。ではこの問題から。

例 題 ≫≫≫≫≫≫≫≫≫≫≫≫≫≫≫≫≫≫≫≫≫≫≫

P、Q、R、S の 4 人が駅前で待ち合わせをした。到着した順序について 3 人が次のように言った。

        P「私の次に Q が到着しました。」
        Q「全員バラバラに到着しました。」
        S「私が到着したのは最後ではなかったです。」

このとき、確実に正しいのは次の推論のうちどれか。

        A S は 1 番目に到着しなかった。
        B Q は 2 番目に到着しなかった。
        C R は 3 番目に到着しなかった。

≪≪≪≪≪≪≪≪≪≪≪≪≪≪≪≪≪≪≪≪≪≪≪≪≪≪≪≪≪≪

> えっと…頭で考えるとこんがらがってよくわからないですね。

> そうですね。頭で考えずに条件を図に描きます（←推論ポイント 1）。メンバーは 4 人で順位をまとめるので下のような図で進めましょう。
>
> | 1 | 2 | 3 | 4 |
> |---|---|---|---|
> | | | | |
>
> まず P の発言を図に表すとどうなりますか？

> P の次が Q だから…できました！
>
> | 1 | 2 | 3 | 4 |
> |---|---|---|---|
> | P | Q | | |

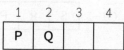

もちろんこれも OK です。でもこれ以外にも考えられますね。ここで推論のポイント 2 …考えられるパターンを全部図に表します。

ということは…①〜③の3パターンですね。

	1	2	3	4
①	P	Q		

	1	2	3	4
②		P	Q	

	1	2	3	4
③			P	Q

その通り。次の条件に進みましょう。

$\begin{cases} Q の発言 → 一緒に来た人はいない。 \\ S の発言 → S は 4 には入らない。 \end{cases}$

ということから、Sと残りのRを図に加えましょう。③は下のように③−1、③−2の2パターンが考えられますね。

	1	2	3	4
①	P	Q	S	R

	1	2	3	4
②	S	P	Q	R

	1	2	3	4
③ −1	S	R	P	Q

	1	2	3	4
③ −2	R	S	P	Q

これで出来上がりですね。問題文の「確実に正しい」とはどういうことですか？

いい質問ですね〜。推論にはよく出てくる言い方で、この4パターン（③は2パターン共）のどの場合も絶対正しい！ということです。

わかりました。
A…②と③—1 では、S は 1 番だから×
B…① では Q は 2 番だから×
C…R はどのパターンも 3 番ではないから○

よって確実に正しいのは C です。

C で正解です。
ではこの続きを練習問題で解きましょう。

5
日目

解き方の確認

✔ 条件を図に描く

✔ 考えられるパターンを全部図に表す

✔ 「確実に正しい」 = どのパターンの場合でも絶対に正しい

練習問題

問1 難易度：★☆☆

　P、Q、R、Sの4人が駅前で待ち合わせをした。到着した順序について
3人が次のように言った。

　P「私の次にQが到着しました。」
　Q「全員バラバラに到着しました。」
　S「私が到着したのは最後ではありません。」

（1）次の推論のうち、必ずしも誤りとはいえないものはどれか。

A Rは3番目に到着した。

B Qは3番目に到着した。

C Sの次にPが到着した。

（2）4人の到着した順序が全てわかるためには次のどの条件を加えれば
　　よいか。

A Rは4番目に到着した。

B Qは2番目に到着した。

C Sは1番目に到着した。

═══ 解き方 ═══

（1）途中まで前ページの例と同じですね。P、Q、S、3人の発言は変わらない
ので、先ほどの4パターンはそのまま使いましょう。

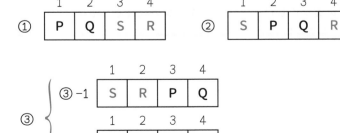

この問題は、正しいものを選ぶのではなく、必ずしも誤りとはいえない…「絶対違うってわけではないよね！」という推論を選びます。4パターンと推論をひとつずつ見ていきましょう。

> A：「Rが3番目」となるのは4パターンの中にありませんね。必ず誤りとなります。
> B：「Qが3番目」は②があてはまります。
> C：「Sの次にP」は、②と③-2があてはまります。

よって、BとCにはあてはまるパターンがあり、必ずしも誤りとはいえません。

答え：BとC

（2）　「4人の到着した順序が全てわかるためには次のどの条件を加えればよいか。」というまた難しい言い方が出てきました。（1）の枠内の4パターンを元に、次のように考えていきましょう。

> 条件A：「Rが4番目」になるのは①と②の2パターンあります。ということは、条件Aを加えても①のPQSRの順か②のSPQRの順かわからない…つまり全員の順位ははっきりしません。
> 条件B：「Qが2番目」は①だけがあてはまり、順位はPQSRに確定します。「条件Bを加えれば4人の到着した順位が全てわかる」ということですね。
> 条件C：「Sが1番目」は②と③－1の2つがあてはまり、条件Cを加えても②のSPQRの順か③－1のSRPQかはっきりしません。

パターンが1つに限られれば順位は確定しますね。よってBが正解です。

答え：B

問2 難易度： ★☆☆

　V、W、X、Y、Zの5人で総当たり戦を行った。対戦結果について次のことがわかっている。ただし引き分けはなかった。

ア　XはWに勝ち、Zに負けた。
イ　WはVに勝った。
ウ　Zは1勝3敗だった。
エ　全勝した人がいた。

このとき、対戦結果が全てわかるのは5人のうち何人か。

解き方

「総当たり戦」は「リーグ戦」ともいい、次のような勝敗表を作成します。（勝敗表の書き方は2ページ先を参照☆）

条件ア＆イを記入すると以下のようになります。

相手

	V	W	X	Y	Z	○	×
V		×					
W	○		×				
X		○			×		
Y							
Z			○				

自分

条件ウ…ZはすでにXに勝っています（1勝）ので、残りの相手には負けた（3敗）ということですね。次のように記入しましょう。

相手

	V	W	X	Y	Z	○	×
V	＼	×			○		
W	○	＼	×		○		
X		○	＼		×		
Y				＼	○		
Z	×	×	○	×	＼	1	3

(自分)

条件エ…全勝した人は×がついていないYに決定ですね。○×をつけていくと、Wが2勝2敗だとわかりました。

相手

	V	W	X	Y	Z	○	×
V	＼	×		×	○		
W	○	＼	×	×	○	2	2
X		○	＼	×	×		
Y	○	○	○	＼	○	4	0
Z	×	×	○	×	＼	1	3

(自分)

これで条件は全て終了です。V対Xの結果はわからないままです。

よって対戦結果が全てわかるのはW、Y、Zの3人です。

全勝〜♡

答え：3人

187

POINT解説

総当たり戦（リーグ戦）の勝敗表の書き方

例

A、B、Cの3人の総当たり戦のリーグ表

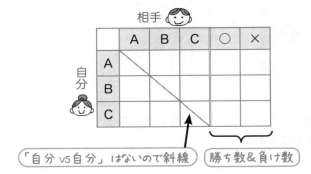

相手

	A	B	C	○	×
A					
B					
C					

自分

「自分 vs 自分」はないので斜線　勝ち数＆負け数

「AはBに勝ち、Cに負けた」とします。勝ち＝○、負け＝×を記入します。

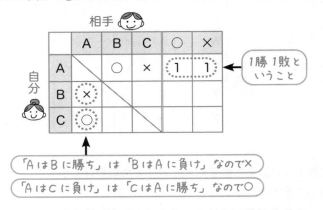

相手

	A	B	C	○	×
A		○	×	1	1
B	×				
C	○				

自分

1勝1敗ということ

「AはBに勝ち」は「BはAに負け」なので×

「AはCに負け」は「CはAに勝ち」なので○

問3 難易度：★★☆

おにぎり、サンドウィッチ、肉まんを合わせて8個買った。個数について以下のことがわかっている。

ア　おにぎり、サンドウィッチ、肉まん、それぞれ1個以上買った。
イ　おにぎりの数はサンドウィッチより多かった。

このとき、次のA、B、Cの推論の中で必ず正しいのはどれか。

A　肉まんが2個のとき、おにぎりは4個である。
B　おにぎりが6個のとき、サンドウィッチは1個である。
C　肉まんが4個のとき、おにぎりは2個である。

解き方

問題文にある「必ず正しい」は、「確実に正しい」と同様に、どのパターンでも絶対に正しいということです。条件アとイを頭に入れて、どんなパターンがあるかそれぞれ見ていきましょう。

A 肉まんが2個のとき

全部で8個なので、**おにぎり＋サンドウィッチ＝6個**です。以下の2パターンが考えられます。

	おにぎり	サンドウィッチ
パターン①	5個	1個
パターン②	4個	2個

おにぎりの方が多いよ
（条件イ）

よっておにぎりは必ずしも4個とはいえません。

B **おにぎりが6個のとき** 🍙🍙🍙🍙🍙🍙

サンドウィッチ＋肉まん＝2個です。以下の1パターンのみでサンドウィッチは1個ですね。

	サンドウィッチ	肉まん
パターン①	1個	1個

C **肉まんが4個のとき** 🥟🥟🥟🥟

おにぎり＋サンドウィッチ＝4個です。以下の1パターンのみで、おにぎりは2個ではありません。

	おにぎり	サンドウィッチ
パターン①	3個	1個

よって正解は B です。

答え：B

問4　難易度：★★★

次表は、P、Q、Rの３つの市の人口密度（1km²あたりの人口）を表したものである。P市の面積はQ市の面積と等しく、R市の面積はP市の面積の２倍である。

市	人口密度
P	250
Q	400
R	300

（1）PとQの２つの市の人口の和はR市の人口より多い。この推論は正しいか。

A　正しい　　B　誤り　　C　どちらともいえない

（2）QとRの２つの市を合わせた地域の人口密度は350である。この推論は正しいか。

A　正しい　　B　誤り　　C　どちらともいえない

5
日目

=== 解き方 ===

人口密度は1km²あたりの人口を表しているので、

人口密度＝人口÷面積

で求めることができますね。この式の両辺に面積を掛けると、

人口＝人口密度×面積

となります。

（1）人口も面積も具体的には分かりませんが、「P市の面積はQ市の面積と等しく、R市の面積はP市の面積の2倍である。」とあります。P市とQ市の面積をそれぞれ1km²、R市の面積はその2倍で2km²として計算しましょう。この考え方は濃度算の問4と同じですよ〜。

> 人口も面積も具体的な数がないときは、条件を満たす数を適当においてしまいましょう。
> 例えば、P市とQ市の面積を100km²、R市をその2倍で200km²とか、P市とQ市を5km²、R市を10km²とかね。計算しやすい数を選んでくださいね。

そうすると、各市の人口は次のように計算できます。

P市の人口

$$\underset{\text{人口密度}}{250} \times \underset{\text{面積}}{1} = \underset{\text{人口}}{250}（人）$$

Q市の人口

400 × 1 = 400（人）

P市 + Q市
= 250 + 400 = 650（人）

R市の人口

300 × 2 = 600（人）

よって、P市 + Q市の人口の和は650人で、R市の人口の600人より多く、推論は「正しい」です。

答え：A

（2）人口密度は足したり引いたりできません。Q市とR市の人口と面積を合わせてから人口密度を計算しましょう。

人　　口

$400 + 600 = 1000$ （人）

面　　積

$1 + 2 = 3$ （km^2）

これより、人口密度を求めると、

人口密度

$\underset{\text{人　口}}{1000} \div \underset{\text{面積}}{3} \fallingdotseq \underset{\text{人口密度}}{333.3\cdots}$

よって、人口密度は 350 にならず、「誤り」です。

答え：B

5
日目

問5　難易度：★★★

重さの違う3つの荷物P、Q、Rがある。これらについて以下のことがわかっている。

ア　P、Q、Rの3つの重さの平均は920gである。
イ　PとQの2つだけの重さの平均は850gである。

(1) 3つの中でPが最も軽い。この推論は正しいか。
　A　正しい　　B　誤り　　C　どちらともいえない

(2) PとQの重さの差は300g以下である。この推論は正しいか。
　A　正しい　　B　誤り　　C　どちらともいえない

解き方

（1）重さの平均は、平均＝重さの合計÷個数で求めることができます。この式の両辺に個数を掛けると、

$$平均 \times 個数 = 重さの合計$$

となります。ア、イより、重さの合計を式にしましょう。

> **ア**
> $$P + Q + R = 920 \times 3 = 2760 \ (g)$$
> 重さの合計　　平均　　個数
>
> **イ**
> $$P + Q = 850 \times 2 = 1700 \ (g)$$

3つの合計が2760gで、PとQの合計が1700gということです。そうすると、R = 2760 − 1700 = 1060gとわかります。PとQは、この条件だけでは具体的な重さはわかりませんね。

Pが軽い場合と重い場合で、2つ例にとって考えてみましょう。

P＝100gだったら

Q＝1700－100＝1600gより、Pが最も軽くなります。

P＝1600gだったら

Q＝1700－1600＝100gより、Qが最も軽くなります。

　よって、この推論は正しいことも誤りなこともあるので、「どちらともいえない」ですね。正解はCです。

$$答え：C$$

（2）今度はPとQの差についての推論です。2つの差が大きい場合と小さい場合で考えましょう。

P＝100gだったら

Q＝1600gより、PとQの差は1500gです。

P＝900gだったら

Q＝800gより、PとQの差は100gです。

　よって、この推論も「どちらともいえない」ですね。正解はCです。

$$答え：C$$

5
日目

問6	難易度： ★★★

　重さの違う3つの荷物 P、Q、R があり、P が最も重く R が最も軽い。これらについて以下のことがわかっている。

　　ア　P、Q、Rの3つの重さの平均は 920g である。
　　イ　PとQの重さの差は 80g である。
　　ウ　PとQの重さの平均は、QとRの重さの平均より 50 g 大きい。

　このとき、P は＿＿＿＿g である。

=== 解き方 ===

　問5と同じような問題ですね。平均×個数＝重さの合計を使って式を立てましょう。

> **ア**
>
> $$\underbrace{P+Q+R}_{重さの合計} = \underbrace{920}_{平均} \times \underbrace{3}_{個数} = 2760$$
>
> **イ**
>
> $$P - Q = 80$$

ウは、平均＝重さの合計÷個数＝$\dfrac{重さの合計}{個数}$より、次のように式を立てます。

> **ウ**
>
> $$\underbrace{\frac{P+Q}{2}}_{PとQの平均} = \underbrace{\frac{Q+R}{2}}_{QとRの平均} + 50$$
>
> 両辺を2倍して
>
> $$P + Q = Q + R + 100$$
>
> $$P - R = 100$$

ア、イ、ウの連立方程式です。

アはP、Q、Rの式、イはPとQの式、ウはPとRの式ですね。イを「Q＝～」、ウを「R＝～」という式にして、アに代入しましょう。

イより、Q＝P－80　　ウより、R＝P－100
これらをアに代入して、

$$P + \underset{Q}{\underline{(P-80)}} + \underset{R}{\underline{(P-100)}} = 2760$$

$$3P = 2760 + 80 + 100$$
$$3P = 2940$$
$$P = 980$$

よって、Pは980gとなります。

答え：980g

ちなみに、Q＝P－80、R＝P－100にPを代入すると、Q＝980－80＝900(g)、R＝980－100＝880(g)となります。

この問題は選択肢がありませんでしたね。

WEBテスティングでは直接答えを入力する形式もあるんですよ。この形式の問題をもう1問解いてみましょう。

5
日目

問7 難易度：★★☆

2つの整数 X と Y がある。X は Y より 36 大きく、Y の 3 倍よりも 2 大きい。このとき、X は_____である。

═══════ 解き方 ═══════

ザ・数学といった感じですね。X と Y の方程式を解きますよ。

X は Y より 36 大きい…①、X は Y の 3 倍よりも 2 大きい…②を式にしましょう。

$$X = Y + 36 \cdots\cdots ①$$
$$X = 3Y + 2 \cdots\cdots ②$$

①と②を＝でつなげましょう。

$$Y + 36 = 3Y + 2$$
$$Y - 3Y = 2 - 36$$
$$-2Y = -34$$
$$Y = 17$$

よって、正解は 17 です…ではありませんよ。求めるのは Y ではなく X です！

①に Y = 17 を代入しましょう。

$$X = 17 + 36 = 53$$

よって、正解は X = 53 です。

答え：53

初めましてかも
シリーズ

Point

物の流れや不等式の領域など、初めてみる問題が多い
かもしれませんが、焦らずに、1つひとつ仕上げてい
きましょう！

表の読み取り　どこに注目したらいいか？

① 表を読み取ろう

先週 SPI の模試があって、今日結果が返却されました。

結果はいかがでしたか？

言語と非言語の合計で 70 点以上が合格なのですが…言語 25 点、非言語 35 点で合計 60 点でした。

非言語は頑張りましたね。

めっちゃ頑張りました。でも半分以上合格してると思うんです〜。これが全員の点数の分布図なのですが、みんな点数良さそうで…。

SPI 模試　受検者（50人）点数分布

言語＼非言語	0～9点	10～19点	20～29点	30～39点	40～50点
0～9点			1		
10～19点	2	1		4	3
20～29点		2	4	3	5
30～39点			6	5	6
40～50点			3	3	2

半分以上は合格していないですよ。

本当ですか!? この表だけでわかるんですか？

合格者が何人か明確な数字はわかりませんが、何人以上何人以下というところまではわかります。確認してみましょう。まず、絶対に合格している人は何人いますか？

次の表の①〜③で、6＋2＋3＝11人…ですよね。

言語＼非言語	0〜9点	10〜19点	20〜29点	30〜39点	40〜50点
0〜9点			1		
10〜19点	2	1		4	3
20〜29点		2	4	3	5
30〜39点			6	5	①6
40〜50点			3	③3	②2

①：言語が30〜39点、非言語が40〜50点だから、合計の最低点…30（言語）＋40（非言語）＝70点 合格

②、③も同様に考えると、

②：合計の最低点…40（言語）＋40（非言語）＝80点 合格

③：合計の最低点…40（言語）＋30（非言語）＝70点 合格

つまり、最低点だったとしても合格してるわけなので、①〜③の11人（6+2+3=11）は絶対に全員合格しています。

大正解です。いいところに目を付けましたね。
こういった点数の幅がある表では、最低ラインや最高ライン
に注目するのがポイントです。
では、次の表の④〜⑥について考えてみましょう。

言語＼非言語	0〜9点	10〜19点	20〜29点	30〜39点	40〜50点
0〜9点			1		
10〜19点	2	1		4	3
20〜29点		2	4	3	④5
30〜39点			6	⑤5	6
40〜50点			⑥3	3	2

④は言語が 20 〜 29 点、非言語が 40 〜 50 点だから、
合計が最低点の場合、20(言語)＋40(非言語)＝60 点 **不合格**
合計が最高点の場合、29(言語)＋50(非言語)＝79 点 **合格**
合格しているかも…です。

そうですね。⑤⑥も同様に考えると、
⑤：合計 60 **不合格** 〜 78 点 **合格**
⑥：合計 60 **不合格** 〜 79 点 **合格**
よって、④〜⑥の 13 人（5+5+3=13）は合格している可能性があ
ります。では、最後に次の表の⑦〜⑨について考えてみましょう。

言語＼非言語	0〜9点	10〜19点	20〜29点	30〜39点	40〜50点
0〜9点			1		
10〜19点	2	1		4	⑦3
20〜29点		2	4	⑧3	5
30〜39点			⑨6	5	6
40〜50点			3	3	2

⑦：合計 50 〜 69 点 **不合格**

⑧：合計 50 〜 68 点 **不合格**

⑨：合計 50 〜 68 点 **不合格**

だから、⑦〜⑨の人は合計が最高点だったとしても合格には届かないです。

そうですね。それ以外の人はもっと点数が低いので、さらに合格には届きません。

もう一度まとめると、①〜③の 11 人は絶対合格、④〜⑥の 13 人は合格している可能性があるということです。よって合格者は 11 人（①〜③）以上 24 人（①〜⑥）以下です。

なーんだ。半分もいないんですね。思ったより少ないです。心配して損しました

なに！　その考え叩き直しますよ〜。練習問題へGOです！

解き方の確認

✔ 点数などに幅がある表では、最低ライン、最高ラインに
注目する

6
日目

== 練習問題 ==

問1 難易度： ★★☆

　下の表は、ある大学で行った SPI 模試の受検者の点数分布である。言語分野の平均点としてあり得るのは次のどれか。

SPI 模試　受検者（50 人）点数分布

言語　＼　非言語	0～9点	10～19点	20～29点	30～39点	40～50点
0～9点			1		
10～19点	2	1		4	3
20～29点		2	4	3	5
30～39点			6	5	6
40～50点			3	3	2

A　22.2 点　　　　B　23.5 点　　　　C　24.1 点　　　　D　25.7 点
E　A～D のいずれでもない

== 解き方 ==

　さーて、前ページの話の続きです。言語分野の平均点を考えましょう。

　表の言語分野には点数の幅がありますので、平均点が何点以上何点以下か、つまり平均の最低点と最高点を出します。その範囲内に入っていれば、平均点としてあり得る！ということができます。

　次のページの表を見てください。最低点は、上から順に①：0 点を 1 人、②：10 点を 10 人、③：20 点を 14 人、④：30 点を 17 人、⑤：4 0 点を 8 人がとったとき、最高点は、①：9 点を 1 人、②：19 点を 10 人、③：29 点を 14 人、④：39 点を 17 人、⑤：5 0 点を 8 人がとったときです。

SPI 模試　受検者（50 人）点数分布

言語＼非言語	0～9点	10～19点	20～29点	30～39点	40～50点	
0 ～ 9 点			1			① 1 人
10 ～ 19 点	2	1		4	3	② 2＋1＋4＋3 ＝ 10 人
20 ～ 29 点		2	4	3	5	③ 2＋4＋3＋5 ＝ 14 人
30 ～ 39 点			6	5	6	④ 6＋5＋6 ＝ 17 人
40 ～ 50 点			3	3	2	⑤ 3＋3＋2 ＝ 8 人

最低点　最高点

平均点＝合計点÷人数だから、

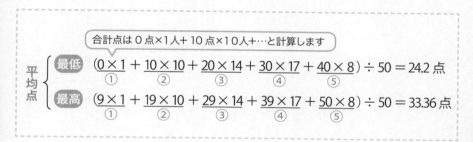

合計点は 0 点×1人＋ 10 点×10人＋…と計算します

平均点
最低　$(0 \times 1 + 10 \times 10 + 20 \times 14 + 30 \times 17 + 40 \times 8) \div 50 = 24.2$ 点
①　②　③　④　⑤

最高　$(9 \times 1 + 19 \times 10 + 29 \times 14 + 39 \times 17 + 50 \times 8) \div 50 = 33.36$ 点
①　②　③　④　⑤

　よって、言語分野の平均は 24.2 点以上 33.36 点以下です。この範囲内に入っているのは D ですね。

答え：D

6
日目

> ### 解き方の確認
>
> ✔ 平均点としてあり得る…平均点の最低と最高を計算

言語分野は 25 点だったから、私は平均点を超えているかも
しれないですね♪

ポジティブすぎ…叩き直すはずが。

問2 難易度：★★☆

　下の表は、ある大学で行った SPI 模試の受検者の点数分布である。非言語分野の平均点としてあり得るのは次のどれか。

SPI 模試　受検者（50 人）点数分布

言語＼非言語	0～ 9点	10～ 19点	20～ 29点	30～ 39点	40～ 50点
0～9点			1		
10～19点	2	1		4	3
20～29点		2	4	3	5
30～39点			6	5	6
40～50点			3	3	2

A　37.2 点　　　B　38.5 点　　　C　39.1 点　　　D　40.7 点

E　A～D のいずれでもない

=== 解き方 ===

同じ表が続きますが…手抜きではないですよ

実際の SPI でも 1 つの大問からいくつかの小問が出ることが多々あります。

　さて、非言語分野も問 1 の言語分野と同様に考えます。タテとヨコが逆になるので注意しましょう。

6
日目

SPI 模試　受検者（50人）点数分布

言語＼非言語	0～9点	10～19点	20～29点	30～39点	40～50点
0～9点			1		
10～19点	2	1		4	3
20～29点		2	4	3	5
30～39点			6	5	6
40～50点			3	3	2

（最低点／最高点）

① 2人
② 1＋2＝3人
③ 1＋4＋6＋3＝14人
④ 4＋3＋5＋3＝15人
⑤ 3＋5＋6＋2＝16人

合計点は 0 点×2人＋10 点×3人＋…と計算します

平均点

最低
$$(0 \times 2 + 10 \times 3 + 20 \times 14 + 30 \times 15 + 40 \times 16) \div 50 = 28 \text{点}$$
　①　　②　　③　　④　　⑤

最高
$$(9 \times 2 + 19 \times 3 + 29 \times 14 + 39 \times 15 + 50 \times 16) \div 50 = 37.32 \text{点}$$
　①　　②　　③　　④　　⑤

非言語分野の平均は 28 点以上 37.32 点以下です。この範囲内に入っているのはAですね。

答え：A

私は 35 点だったので、今度こそ胸をはって「平均点を超えてるかも！」って言えます。非言語が楽しくなってきました♡

「好きこそものの上手なれ」で頑張りましょう。模擬問題 2 に、同じ表を使った応用問題があるのでチャレンジしてみてくださいね。

問3 難易度：★★☆

下の表は、ある大学で「通学に使う主な交通手段」をまとめたものである。

	1年生	2年生	3年生	4年生
学生数	250人	280人	300人	240人
電車	64%	75%	67%	72%
バス	10%	15%	13%	
自転車		8%	16%	
その他	4%	2%	4%	3%

（1）1年生の中で「自転車」と答えた学生は何%か。

A 18%　　B 19%　　C 20%　　D 21%
E 22%　　F A～Eのいずれでもない

（2）2年生の中で「バス」と答えた学生は何人いるか。

A 15人　　B 21人　　C 35人　　D 42人
E 50人　　F A～Eのいずれでもない

（3）3年生の中で「自転車」と答えた学生と4年生の中で「バス」と答えた学生の数が同じだった。4年生の中で「バス」と答えた学生は4年生全体の何%か。

A 18%　　B 20%　　C 22%　　D 24%
E 26%　　F A～Eのいずれでもない

解き方

（1）「表の読み取り」と「割合計算」のコラボです。表の中の%にはどんな関係があるでしょう？

各学年の%をタテに足すと、電車＋バス＋自転車＋その他＝100%になりますね。（ちなみに、%をヨコに見ても何も出てきませんよ～。各学年ごとタテに見てくださいね。）

	1 年生	2 年生	3 年生	4 年生
学生数	250 人	280 人	300 人	240 人
電車	64%	75%	67%	72%
バス	10%	15%	13%	
自転車	(1)	8%	16%	
その他	4%	2%	4%	3%

それぞれタテに足すと 100%

よって、1 年生の中で「自転車」と答えた学生は次の通りです。

$$100 - (64 + 10 + 4) = 100 - 78 = 22 \ (\%)$$

正解は E となります。

答え：E

(2) 4 日目の割合の計算方法を思い出しましょう。

	1 年生	2 年生	3 年生	4 年生
学生数	250 人	280 人	300 人	240 人
電車	64%	75%	67%	72%
バス	10%	15%	13%	
自転車		8%	16%	
その他	4%	2%	4%	3%

2 年生全体が 280 人、そのうち 15%が「バス」と答えたので、その人数は以下のように計算できますね。

$$280 \times 0.15 = 42 \ (人)$$

よって、正解は D です。

（3）（1）のように、4年生も％をタテに足して100％…から答えを出したい
ところですが、「バス」と「自転車」の2つがわからないのでこの計算方法は
アウトです。

	1年生	2年生	3年生	4年生
学生数	250人	280人	300人	240人
電車	64%	75%	67%	72%
バス	10%	15%	13%	
自転車		8%	16%	
その他	4%	2%	4%	3%

　まず、3年生の中で「自転車」と答えた学生数を計算します。3年生全体が
300人、そのうち16％が「自転車」と答えたから、その人数は以下のように
なります。

$$300 \times 0.16 = 48 （人）$$

　ということは、4年生の中で「バス」と答えた学生も48人です。4年生全
体は240人だから、

$$240 \times x = 48 \quad x = 48 \div 240 = 0.2 = 20 （\%）$$

よって、正解は B です。

6
日目

問4 難易度：★★★

　ある大学ではP、Q、R、Sの4つのキャンパスで入試説明会を行った。申し込み時のアンケートで、利用する主な交通手段を1つだけ回答してもらったところ、キャンパスごとの割合の集計結果は表1のようになった。

　また、表2はキャンパスごとの回答者数が回答者数全体に占める割合を示したものである。

表1

交通手段＼キャンパス	P	Q	R	S	合計
電　車	40%	60%	20%	15%	34%
バ　ス	20%		40%	27%	29%
自転車	15%	6%	28%	35%	
その他	25%		12%	23%	
合　計	100%	100%	100%	100%	100%

表2

キャンパス	P	Q	R	S	合計
回答者数の割合	15%	30%	35%	20%	100%

（1）Pキャンパスで「電車」と回答した人は、4つのキャンパスでの回答者全体の何%か (必要に応じて、最後に小数点以下第1位を四捨五入すること)。

A　4%　　　　B　6%　　　　C　8%　　　　D　10%　　　　E　12%

F　A～Eのいずれでもない

（2）Qキャンパスで「バス」と回答した人はQキャンパスの回答者の何%か (必要に応じて、最後に小数点以下第1位を四捨五入すること)。

A　14%　　　B　16%　　　C　18%　　　D　20%　　　E　22%

F　A～Eのいずれでもない

（3）Sキャンパスで「自転車」と回答した人は84人であった。4つのキャンパスでの回答者数は合計何人か。

A　1050人　　B　1200人　　C　1400人　　D　1650人

E　A～Dのいずれでもない

解き方

まずは表の見方を確認しましょう。

入試説明会のアンケートに回答した人のキャンパスごとの割合が表2で、その人たちの交通手段の割合が表1です。樹形図にすると次のようになります。

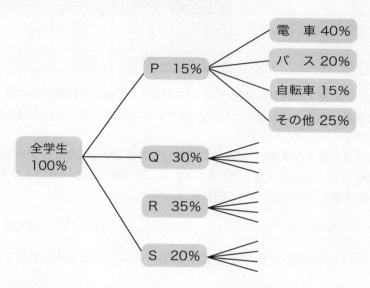

※Q、R、Sについては省略していますが、Pと同じように「電車」「バス」「自転車」「その他」に分かれます。

この図を頭にイメージして問題を解きましょう。

（1）全体の人数が書いていないので、100人としましょう（この考え方は割合の問2と同じです）。すると、Pキャンパスで「電車」と回答した人は、

$$100 × 0.15 × 0.4 = 6（人）$$

全体の15%　そのうち40%

となり、全体の6%なので正解はBです。

答え：B

(2) Ｑキャンパスで「バス」と回答した人を表１で確認してみましょう。

キャンパス＼交通手段	P	Q	R	S	合計
電　車	40%	60%	20%	15%	34%
バ　ス	20%		40%	27%	29%
自転車	15%	6%	28%	35%	
その他	25%		12%	23%	
合　計	100%	100%	100%	100%	100%

　表をタテに見て、合計の100%からバス以外(電車、自転車、その他)の割合を引きましょう。…と言いたいところですが、Ｑの「その他」の割合が分からないのでこの手は使えません。

　表をヨコに見てみます。「バス」と回答したのは全体の29%…つまり、全体の人数を100人としたとき、29人が「バス」と回答したということです。

　全体の人数を100人、求める割合を x として、

　　「Pのバス」＋「Qのバス」＋「Rのバス」＋「Sのバス」＝29人

という式を使いましょう。「Pの」、「Qの」…という部分は表２を見てくださいね。

$$\underset{\text{Pのバス}}{\underline{(100 \times 0.15 \times 0.2)}} + \underset{\text{Qのバス}}{\underline{(100 \times 0.3 \times x)}} +$$

$$\underset{\text{Rのバス}}{\underline{(100 \times 0.35 \times 0.4)}} + \underset{\text{Sのバス}}{\underline{(100 \times 0.2 \times 0.27)}} = 29$$

$$3 + 30x + 14 + 5.4 = 29$$
$$30x = 29 - (3 + 14 + 5.4)$$
$$30x = 6.6$$
$$x = 0.22 = 22\%$$

よって、正解はＥです。

答え：Ｅ

少しやっかいですね🌀
例えば、「P のバス」は「全体の 15% が P キャンパス (表 2) で、そのうち 20% がバス (表 1)」のように見て、式を立ててくださいね。

(3) この問題は 84 人という具体的な人数があるので、全体を 100 人とはおけません。全体の人数を x 人として、S キャンパスで「自転車」と回答した人数を式にしましょう

$$x \times 0.2 \times 0.35 = 84$$

全体の 20%　　そのうち 35%

$$0.07x = 84$$
$$x = 84 \div 0.07 = 1200 \ (人)$$

4 つのキャンパスでの回答者数は合計 1200 人となり、正解は B です。

答え：B

問5 難易度：★★★

　次の表は、4つの地区 P、Q、R、S の合計農地面積と、田、畑、樹園地の割合を示したものである。

	P	Q	R	S
合計農地面積	27900ha	12053ha	8002ha	11574ha
田	72.8%	15.9%	22.3%	63.9%
畑	9.8%	31.2%	65.3%	13.5%
樹園地	17.4%	52.9%	12.4%	22.6%
合　計	100.0%	100.0%	100.0%	100.0%

　各地区の畑面積を表したグラフは、次の A から F のうちどれに最も近いか。なお、グラフの横軸は左から順に P、Q、R、S と並んでいる。

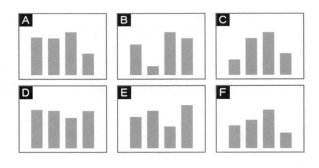

解き方

　各地区の畑面積は、「合計農地面積×割合（%）」で、次のように求めることができます。

> **P** 27900 × 0.098 ＝ 2734.2(ha)
>
> **Q** 12053 × 0.312 ＝ 3760.536(ha)
>
> **R** 8002 　× 0.653 ＝ 5225.306(ha)
>
> **S** 11574 × 0.135 ＝ 1562.49(ha)

　…と、真面目に計算してみましたが、選択肢を見ると、目盛りもないしザックリとしたグラフですね。

　計算もザックリで OK です。

　例えば、P の畑面積は、27900ha → 28000ha、9.8%→ 10%として計算します。他も同様に考えると次のようになりますね。

P 28000 × 0.1　= 2800(ha)

Q 12000 × 0.31 = 3720(ha)　← 12000ha の 31%

R 8000　× 0.65 = 5200(ha)　← 8000ha の 65%

S 12000 × 0.14 = 1680(ha)　← 12000ha の 14%

S の計算はザックリすぎると感じる人もいるかもしれませんね。
このザックリ計算をした結果、同じような面積が他にもあるときには、大小をはっきりさせるためにもう少しきちんと計算した方がよいですが、この問題では面積は 4 地区ともバラバラなのでこの計算で OK です！

　そして、この計算結果をザックリ見ると、R が断トツで大きく、Q、P、S の順になりますね。「Q は S の 2 倍以上だな」「R は S の 3 倍くらいだな」と気付くことができればさらに good です。

　これを元に選択肢を確認すると、F が正解だとわかります。

答え：F

WEB テスティング形式の場合は電卓が使えるので、ザックリとせずにそのままの数で計算しても OK です。

物の流れと比率　前提がわかれば簡単よっ！

1　問題を解く前に

今回は「物の流れと比率」というテーマです。高校までの数学で学んだことのない分野ですが、まず例題の問題を読んでみてください。

例題 ▶▶▶▶▶▶▶▶▶▶▶▶▶▶▶▶▶▶▶▶▶▶▶▶▶▶▶▶▶▶▶▶

あるデパートで客がどの売り場に立ち寄るか調査した。

P 売り場に立ち寄った客のうち、比率にして a の人が Q 売り場に立ち寄った。このとき、これを次の図で表す。

$$P \xrightarrow{\ a\ } Q$$

P および Q 売り場に立ち寄った客の人数をそれぞれ P、Q と表すと、式 Q＝aP が成り立つ。同様に、P 売り場に立ち寄った客のうち比率 a の人と、Q 売り場に立ち寄った客のうち比率 b の人が R 売り場に立ち寄ったとき、これを次の図で表す。

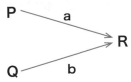

この場合、R＝aP＋bQ が成り立つ。

また、P 売り場に立ち寄った客のうち、比率 a の人が売り場 Q に立ち寄り、さらにそのうちの比率 b の人が売り場 R に立ち寄るとき、これを次の図で表す。

$$P \xrightarrow{\ a\ } Q \xrightarrow{\ b\ } R$$

この場合、R=bQ が成り立ち、これは、R＝b(aP)=abP とも表される。

なお、式については一般の演算、例えば

$$(a＋b)P＝aP＋bP、c(a＋b)P＝acP＋bcP$$

などが成り立つものとする。・・・(以下省略)

◄◄◄◄◄◄◄◄◄◄◄◄◄◄◄◄◄◄◄◄◄◄◄◄◄◄◄◄

先生、ここまで読みましたが…何が何だかサッパリ…。それに長くて、読んでいるだけで嫌になってきました。

そうですよね。初めてこの問題の勉強をすると、同じ感想を持つ学生さんが多いです。
この文章は問題を解く前提となるもので、だいたい同じような文章と図、式が問題ごとに載っています。
ならば！ 毎回読まなくて済むように、内容を覚えてしまいましょう。そして、また同じような問題に出くわしたときにはさらっと見るだけにするといいですね。

2 前提を覚えておこう

大文字のアルファベットは人数、小文字は割合（比率）を表します。具体的な数字を入れて、その1～その3までの3つに分けて説明します。

その1 P に 100 人いて、そのうち 70%（=a）の人が Q に行った。
これを図と式に表すと次のようになります。

$$\underset{100人}{\textbf{P}} \xrightarrow[70\%]{a} \textbf{Q}$$

$$\underset{\underset{P}{\smile}}{Q=100} \times \underset{\underset{a}{\smile}}{0.7}$$

$$Q = \underset{P}{\underline{100}} \times \underset{a}{\underline{0.7}} = 70（人）$$

割合（小文字）を人数（大文字）より
先に書くことが多いです。

アルファベットだけで表すと、$\textbf{Q} = \textbf{P} \times \textbf{a} = \textbf{aP}$

その2 Pにいた100人のうち70%（=a）の人と、Qにいた200人の
うち60%（=b）の人がRに行った。

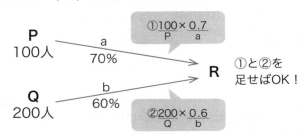

$$R = \underbrace{100}_{P} \times \underbrace{0.7}_{a} + \underbrace{200}_{Q} \times \underbrace{0.6}_{b} = 190 （人）$$

アルファベットだけで表すと、R = P × a + Q × b = aP + bQ

その3 Pにいた100人のうち70%（=a）の人がQに行き、そのうち
60%（=b）の人がRに行った。

$$Q = \underbrace{100}_{P} \times \underbrace{0.7}_{a} = 70 （人）だから、R = \underbrace{70}_{Q} \times \underbrace{0.6}_{b} = 42 （人）$$

よって、R = Q × b = bQ

または、R = $\underbrace{100}_{P}$ × $\underbrace{0.7}_{a}$ × $\underbrace{0.6}_{b}$ = 42（人）だから、

R = P × a × b = abP

RはPまたはQを使って表すことができます。
…といっても、なかなか話が難しいかもしれません。実際の
問題を解いてコツを掴みましょう。

練習問題

問 1 難易度： ★☆☆

ある博物館に入館した人の動向を示すと次のようになる。

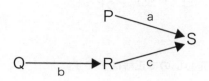

(1) S を表す式として正しいものはどれか。

　ア　S = aP + bcQ

　イ　S = aP ＋（b + c)Q

　ウ　S = aP + cR

A　アのみ　　　B　イのみ　　　C　ウのみ　　　D　アとイ

E　イとウ　　　F　アとウ　　　G　A〜Fのいずれでもない

(2) a = 0.3、b = 0.8、c = 0.5 とする。P に 70 人、Q に 80 人がいたとすると、何人の人が S に集まったか。

A　53人　　　　B　56人　　　　C　60人　　　　D　65人

E　A〜Dのいずれでもない

解き方

（1）Sを表す式として、全部のルートの足し算、この場合は下の図の「①＋②」になっていればOKです。①はaP、②はbcQまたはcRです。

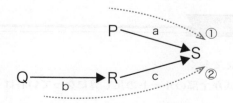

221

$$
\begin{cases}
\text{ア}:S = \underset{①}{\underline{aP}} + \underset{②}{\underline{bcQ}} \quad \boxed{OK} \\[2mm]
\text{イ}:S = aP + (b+c)Q = \underset{①}{\underline{aP}} + \underset{②ではない}{\underline{bQ + cQ}} \quad \boxed{NG} \\[2mm]
\text{ウ}:S = \underset{①}{\underline{aP}} + \underset{②}{\underline{cR}} \quad \boxed{OK}
\end{cases}
$$

よって、アとウが正しいので正解は F です。

$$\boxed{\text{答え：F}}$$

(2)

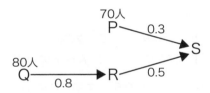

P から 30%（= 0.3）の人が S に行き、Q からは 80%（= 0.8）の人が R へ、そしてそのうち 50%（= 0.5）の人が S に行ったので、S に集まった人数の合計は次のようになり、正解は A です。

$$
\underset{\text{Pから}}{\underline{70 \times 0.3}} + \underset{\text{Qから}}{\underline{80 \times 0.8 \times 0.5}} = 21 + 32 = 53 \ (人)
$$

$$\boxed{\text{答え：A}}$$

解き方の確認

✔ 前提を覚えておく
✔ 選択肢の式が全部のルートの足し算になっていれば OK

問2　難易度：★★☆

　あるイベントでの入場者の動向を調査したところ、以下の図のような関係がわかった。

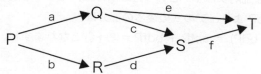

(1)　この図で、Tを表す式として正しいものはどれか。

　ア　T＝eQ＋fS

　イ　T＝(acf＋ae＋bdf)P

　ウ　T＝eQ＋bdfP

A　アのみ　　　　B　イのみ　　　C　ウのみ　　　D　アとイ

E　イとウ　　　　F　アとウ　　　G　A～Fのいずれでもない

(2)　a＝0.4、b＝0.6、c＝0.2、d＝0.9、e＝0.5、f＝0.5とすると、PからTに行った人のうち、Qを通って行った人数は、Rを通って行った人数に対してどれだけにあたるか。小数で答えなさい。ただし、必要に応じて最後に小数点以下第3位を四捨五入すること。

A　0.85　　　　B　0.87　　　　C　0.89　　　　D　0.91

E　A～Dのいずれでもない

=== 解き方 ===

(1)　Tを表す式が全部のルートの足し算、すなわち「①＋②＋③」になっているか確かめましょう。

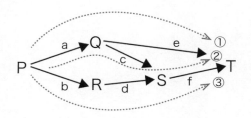

ア： $T = \underset{①}{eQ} + \underset{②+③}{fS}$ ←OK

少しざっくりな説明すぎる！という方のために、きちんと説明しましょう。

$S = acP + bdP$ より、アの式の後ろの部分は、

$fS = f(acP + bdP) = acfP + bdfP = ②+③$ となりますね。

イ： $T = (acf + ae + bdf)P = \underset{②}{acfP} + \underset{①}{aeP} + \underset{③}{bdfP}$

①、②、③の順番が違っても OK です。

ウ： $T = \underset{①}{eQ} + \underset{③}{bdfP}$ ← これは②がないので NG ですね。

よって、アとイが正しいので正解は D です。

答え：D

（2）Pにいた人数が書いていないので100人としましょう。Qを通ってTに行くルートは①と②、Rを通ってTに行くルートは③ですね。

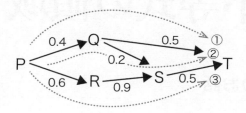

それぞれの人数を求めると、

Q を通った：$\underset{①}{\underline{100 \times 0.4 \times 0.5}} + \underset{②}{\underline{100 \times 0.4 \times 0.2 \times 0.5}}$
    $= 20 + 4 = 24$（人）
R を通った：$\underset{③}{\underline{100 \times 0.6 \times 0.9 \times 0.5}} = 27$（人）

これを元に、「Q を通って行った人数（24 人）は、R を通って行った人数（27 人）のどれだけ（x）にあたるか」を式にしましょう。

$24 = 27 \times x$　　よって、$x = 24 \div 27 = 0.888\cdots \fallingdotseq 0.89$

よって、正解は C です。

答え：C

6
日目

不等式の領域

グラフでも
へっちゃら

① 魔法のお話

今日はグラフを使って、不等式の領域についての勉強です。グラフに対して、不等式がどの部分を表しているかを考える問題です。

先生…声を大にして言わせていただきます。
グラフも不等式も大キライだーっ！！　もうすっかり忘れたーっ！！

なるほど。どのくらいキライですか？

一生出会いたくないぐらいキライです。数学が苦手な人にはこういうタイプが多いと思いますよ〜。

それはラッキーです！　なぜならば、この分野は超カンタン問題なんですよ。ゆいちゃんのために、数学の知識ゼロでも解ける方法でいきましょう！

そんな魔法みたいな解き方があるんですね◦♡

魔法その1
グラフの形を区別しよう

① $y = \dfrac{1}{2}x^2 - 2$ のように「x^2」がつくグラフは放物線といって、

⌣ または ⌢ のような形になります。

② $y = x + 3$ のように、「x^2」はつかないけど「x」がつくグラフは

╱ または ╲ のような直線です。

③ $y = 4$ のように「x^2」も「x」もつかないで右辺が数字だけの

グラフは ── のように横一直線です。

下の図のように①～③のグラフの区別がつくようにしましょう。

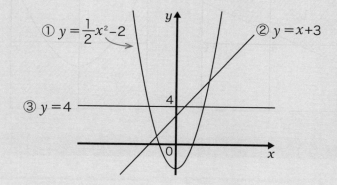

① $y = \dfrac{1}{2}x^2 - 2$ ② $y = x + 3$

③ $y = 4$

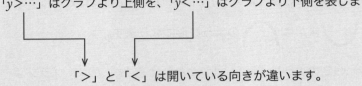

「y>…」はグラフより上側を、「y<…」はグラフより下側を表します。

「>」と「<」は開いている向きが違います。

例えば、$y>\frac{1}{2}x+1$…①であれば、$y=\frac{1}{2}x+1$（╱←こういう

グラフ）より上側、$y<\frac{1}{3}x^2-2$ …②であれば、$y=\frac{1}{3}x^2-2$

（◡←こういうグラフ）より下側で、それぞれ下図の斜線部になります。

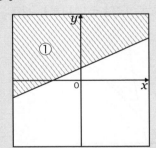
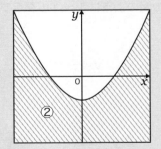

SPIではグラフを描く問題は出ません。グラフの形の区別ができて、不等号の向き（「>」と「<」）によってグラフより上側なのか下側なのかがわかれば問題を解くことができます。

練習問題

問1　難易度： ★☆☆

次の不等式が表す領域は、それぞれ図の①、②のどちらか。

(1) $y > 0$　　　　　　(2) $y < -2x + 2$　　　　　(3) $y > -x^2 + 1$

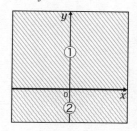　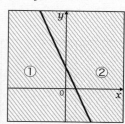　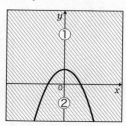

解き方

（1）はグラフがない？　いえいえ、ありますよ。（1）のグラフ（$y=0$）は、ちょうど x 軸（横線）と重なっています。

（1）は「$>$」だから、$y=0$のグラフより上側…①です。

答え：①

（2）は、「グラフの上下」というとわかりにくいかもしれません。そんなときは、数学的ではないのですが以下の方法はいかがでしょうか。

上から雨が降ってきたとして、グラフが屋根だとします。雨に濡れる方が上、雨宿りする方が下です。イメージ的には次のようになります。

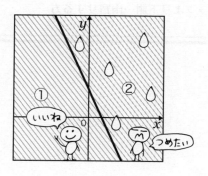

6
日目

229

(2) は「<」だから、$y = -2x + 2$ のグラフより下側（雨宿りする方）…
①ですね。

答え：①

(3) この問題も（2）と同様に、雨に濡れる方が上、雨宿りする方が下と考え
ましょう。

(3) は「>」だから、$y = -x^2 + 1$ のグラフより上側（雨に濡れる方）…①
ですね。

答え：①

解き方の確認

✔「>」はグラフより上側…雨に濡れる方
✔「<」はグラフより下側…雨宿りする方

問2　難易度：★★☆

次の2つの式で示される直線や曲線によって、平面は5つの領域に分けられる。

ア：$y = -\dfrac{1}{3}x^2 + 2$

イ：$y = \dfrac{1}{2}x - 2$

次の不等式が共に表す領域は、①〜⑤のうちどれか。

ア'：$y < -\dfrac{1}{3}x^2 + 2$

イ'：$y > \dfrac{1}{2}x - 2$

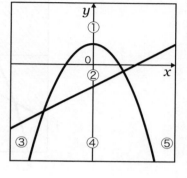

A　①　　B　②　　C　③
D　④　　E　⑤　　F　A〜Eのいずれでもない

=== 解き方 ===

グラフが2つになっても考え方は同じです。まず、ア、イのグラフの形を確認しましょう。

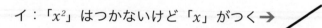

ア：「x^2」がつく →

イ：「x^2」はつかないけど「x」がつく →

次に、領域がグラフより上側なのか下側なのかを確認します。

ア'：「<」だから、アのグラフ∩より下側…②、④

イ'：「>」だから、イのグラフ╱より上側…①、②

よって、ア' とイ' の共通する領域は②です。下図で確認すると、斜線の部分を共に満たす領域で、確かに②がそれにあたりますね。

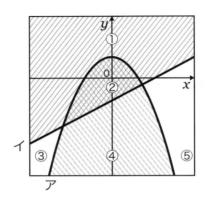

正解は B となります。

答え：B

┌─ 解き方の確認 ─

✔ グラフの形、不等号の向き（「>」と「<」）を 1 つずつ確認全てにあてはまる領域を求める

問3 　難易度： ★★★

次の３つの式によって示される直線や曲線によって、平面は９つの領域に分けられる。

ア： $y=2$

イ： $y=x+2$

ウ： $y=\dfrac{1}{2}x^2-2$

(1) 次の不等式全てが表す領域は、①〜⑨のうちどれか。

ア'： $y>2$

イ'： $y>x+2$

ウ'： $y<\dfrac{1}{2}x^2-2$

A　③と④　　　B　⑥と⑨　　　C　②と⑤

D　①と②　　　E　④と⑧　　　F　A〜Eのいずれでもない

(2) ア、イ、ウの式の等号を不等号に変えて④の領域を表すとき、左開きの不等号「>」になるのはどれか。

A　アのみ　　　B　イのみ　　　C　アとウ　　　D　アとイとウ

E　A〜Dのいずれでもない

6
日目

━━━━ 解き方 ━━━━

(1) まず、ア〜ウのグラフを確認しましょう。

ア： 数字だけ → 横一直線 ━━

イ： 「x^2」はつかないけど「x」がつく→ 直線 ╱

ウ： 「x^2」がつく→ ∪

ア'、イ'、ウ' が表す領域を 1 つずつ確認します。

ア' ： アのグラフ――より上側…①、②、③、④、⑤

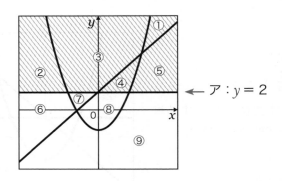

イ' ： イのグラフ／より上側…①、②、③、⑥、⑦

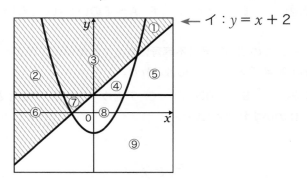

ウ'：ウのグラフ ∪ より下側…①、②、⑤、⑥、⑨

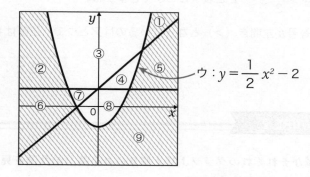

ウ：$y = \dfrac{1}{2}x^2 - 2$

よって、ア'、イ'、ウ'に共通する領域は、①と②となり、正解はDです。

答え：D

（2）④の領域は、ア～ウのそれぞれのグラフより上下のどちら側にあるのか
見てみましょう。

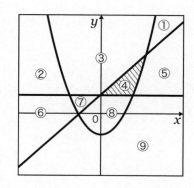

　上図より、④の領域はアのグラフより上側にあるので、$y > 2$ と表すことが
できます。

同様に考えると、④はイのグラフより下側なので $y < x + 2$、ウのグラフより上側なので $y > \dfrac{1}{2} x^2 - 2$ と表すことができますね。

この中で不等号が左開き（＞）となっているのはアとウで、正解は C です。

答え：C

解き方の確認

✔ 領域がそれぞれのグラフより上側なのか下側なのか図を見て
判断し、不等号を使って表そう

DAY 7

言　語

シリーズ

Point　ついに 7 日目になりました。言語分野で重要な 3 単元を解説します。しっかり勉強して得点アップにつなげましょう！

頻出度：  ★★★ 　 ★★★ 　 W ★☆☆

二語関係

つないで文にしよう！

① どんな関係？

> さーて、言語分野です。二語関係から見ていきましょう。

> やっと非言語分野から解放されましたね〜。
> 二語というと「収入と支出」「我慢と忍耐」みたいな感じで
> すか？

> そうですね。「収入と支出」は反対の意味、「我慢と忍耐」は
> 同じ意味…のように、二語にどのような関係があるかを考え
> ます。
> 熟語だけでなく、例えば…「クラリネットとサックス」はど
> のような関係ですか？

> クラリネットもサックスも楽器が共通点です…どのような関
> 係といえばいいですか？

> そのまま「AとBは○○が共通点」でOKです。
> 難しく考えずに今みたいに二語をつなげて文を作ってもいい
> ですよ。

なるほど。他にもいくつか問題を出してくださーい。

OK。「ココアとカカオ」は？

ココアはカカオからできています。うわー、かみそう…。

そうですね。「AはBからできている」「Aの原料はBである」といった関係ですね。
ではまとめて2問。「桃と果物」、「医者と診察」はどうですか？

桃は果物の1つ。医者は診察をします。

その通りです。桃と果物は、「AはBの1つ」「AはBに含まれる」などと考えます。医者と診察は、「AはBをする」「AはBの役割」という関係ですね。

7
日目

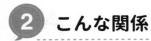 2 こんな関係

今までのところをまとめておきましょう。

以下のように、二語関係には主に①から⑥の6種類があります。

	関係	例
①	AとBは反対の意味 （対義語）	収入と支出
②	AとBは同じ意味 （同義語、類義語）	我慢と忍耐
③	AとBは○○が共通点 （共通点）	クラリネットとサックス 　（クラリネットとサックスは楽器が共通点）
④	AはBからできている （原料）	ココアとカカオ 　（ココアはカカオからできている）
⑤	AはBの1つ （含む）	桃と果物 　（桃は果物の1つ）
⑥	AはBをする （役割、用途）	医者と診察 　（医者は診察をする）

なんだか難しいです〜。

では図にしてみましょうか。

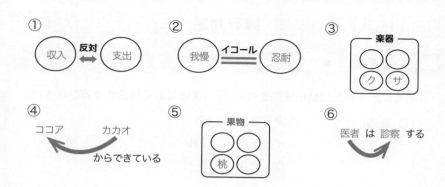

① 収入 ←反対→ 支出

② 我慢 ＝イコール＝ 忍耐

③ 楽器（ク サ）

④ ココア ← カカオ からできている

⑤ 果物（桃）

⑥ 医者 は 診察 する

③と⑤は同じ図ですか？

よーく見ると違うんですよ。③はクラリネットとサックスが2つとも共通の楽器の中に入っていて、⑤は果物の中に桃が入っています。
文で考えても図で考えてもよしです。

練習問題

問1 難易度：★☆☆

初めに示された二語の関係を考え、同じ関係にある組合せを選びなさい。

(1) 味噌：大豆　　ア　うどん：麺
　　　　　　　　　イ　チーズ：牛乳
　　　　　　　　　ウ　化学：数学

(2) 安全：危険　　ア　理想：現実
　　　　　　　　　イ　欠点：短所
　　　　　　　　　ウ　電卓：計算

(3) 日本：カナダ　ア　赤道：緯度
　　　　　　　　　イ　教師：教育
　　　　　　　　　ウ　キリスト教：仏教

解き方

(1) 「味噌は大豆からできている」（原料）と同じ関係にあるものをさがしましょう。

　ア　「うどんは麺の1つ」（含む）
　イ　「チーズは牛乳からできている」（原料）
　ウ　「化学と数学は科目」（共通点）

よってイが正解です。図で表すと以下のようになります。

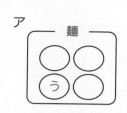  

答え：イ

(2) 「安全と危険は反対の意味」（対義語）ですね。

ア 「理想と現実は反対の意味」（対義語）
イ 「欠点と短所は同じ意味」（同義語、類義語）
ウ 「電卓は計算をする」（役割、用途）

アが正解になりますね。図でも確かめてみましょう。

答え：ア

(3) 「日本とカナダは国名」（共通点）も同様に。

ア 「赤道は緯度の１つ」（含む）
イ 「教師は教育をする」（役割）
ウ 「キリスト教と仏教は宗教」（共通点）

ウが正解ですね。

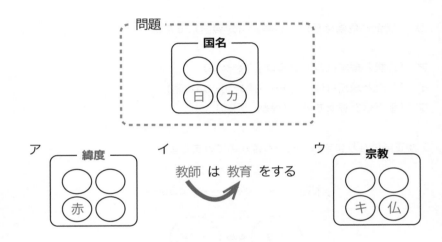

答え：ウ

問2　難易度：★★☆

初めに示された二語の関係を考え、同じ関係になるように当てはまる語を選びなさい。

(1)　レインコート：雨具　　野球：
- A　バット
- B　スポーツ
- C　サッカー

(2)　軽率：慎重　　創造：
- A　模倣
- B　破壊
- C　消滅

(3)　実直：律儀　　平生：
- A　未来
- B　暫時
- C　普段

=== 解き方 ===

(1)　「レインコートは雨具の1つ」（含む）と同じ関係にすると、「野球はスポーツの1つ」ですね。

よって正解は B です。

答え：B

他の選択肢も見てみましょう。
A「バットは野球の道具」
C「野球とサッカーはスポーツ」

野球　バット

道具

スポーツ

野　サ

（2）「軽率と慎重は反対の意味」（対義語）だから、創造の反対の意味の熟語を考えればいいですね。

軽率 ⬌ 慎重　　　創造 ⬌ 模倣

創造の対義語は模倣です。よって正解は A です。

答え：A

先生、ちょっと待ってください。「創造」の反対は「破壊」でなく「模倣」なんですか？

「創造」は新しく自分の考えで作り出すこと、「模倣」は既にできているものを真似ることで、反対の意味なんですよ。「破壊」の対義語は「建設」です。

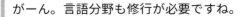

がーん。言語分野も修行が必要ですね。

そうですね。巻末の模擬問題から復習コーナーのページ下に言語分野の練習問題を小さく載せましたので利用してくださいね。

はい！ 頑張ります！

（3）「実直と律儀は同じ意味」（同義語、類義語）です。誠実なことを意味します。

「平生」と「普段」も同じ意味です。他の選択肢は平生とは関係ありません。

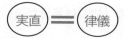 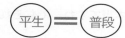

よって正解は C です。

答え：C

読み書きもできるようにしておきましょう。
実直…じっちょく、律儀…りちぎ、平生…へいぜい、暫時…ざんじ、です。

section **2**

頻出度： ★★★　　★★★　W ★☆☆

語句の用法

言い換えられるといいね

1 日本語って難しい

今日は夕方に渋谷にショッピングに行きます
…って、「に」だらけのセリフになっちゃいました。

本当ですね。でもそれぞれの「に」は用法が違いますね。

夕方に…時間
渋谷に…場所
ショッピングに行きます…目的
セリフになっちゃいました…結果

今日は語句の用法を勉強しましょう。
同じ用法をしているか確かめるには、意味や表している事柄
を具体的に考える、または言い換えをします。

言い換えとはどんなふうにすればいいですか？

夕方の時間に
渋谷という場所に
ショッピングをしに行きます
セリフに結果的になっちゃいました

…となります。意味も言い換えもやることがあまり変わらないですね

練習問題

問1 難易度：★☆☆

下線部の語句と最も近い意味でつかわれているものを選びなさい。

（1）手が足りない

　A　手のこんだ作品
　B　彼とは手を切る
　C　その手には乗らない
　D　手を貸してほしい

（2）相談した上で報告する

　A　服の上にコートを着る
　B　暦の上では春だ
　C　必要事項を記入の上、提出してください
　D　上半期のまとめをする

解き方

（1）「手＝働く人、労働力が足りない」と考えると、同じ用法はDです。他の選択肢は以下のようになります。

> A…手間のこんだ作品
> B…彼とは縁を切る
> C…その方法、策略には乗らない

答え：D

(2) 「相談した後に報告する」と同じ用法はCですね。

> A…服の外側にコートを着る
> B…暦という面では春だ
> D…初めの半期のまとめをする

答え：C

なるほど～。勉強になる**上**に面白いですね。

ははは。
今のは「勉強になるのに加えて面白い」ということですね。

問2 難易度：★★☆

下線部の語句と最も近い意味でつかわれているものを選びなさい。

高校時代のことが思い出される

A　急に犬に吠え<u>られる</u>

B　師匠が入ってこ<u>られる</u>

C　秋の気配が感じ<u>られる</u>

D　アラームなしでも起き<u>られる</u>

解き方

問題文は「高校時代のことが自然と思い出される」となり、同じ用法はCです。
「れる・られる」には4つの用法があり、この用法を自発といいます。
言い換えが難しいものもありますので、用法も含めて考えてみましょう。

A…受身　英語の「受動態」と同じです。
B…尊敬　師匠に対しての敬語です。
C…自発　自然に起こる意を表します。
D…可能　「アラームなしで起きることができる」ということです。
　　　　　英語でいう「can」ですね。

「れる・られる」には「自発」「受身」「尊敬」「可能」の4つ
の用法があるのですね。英語で考えるのも覚え**られ**そうです。

今のは「覚えることができる」…だから「可能」の用法ですね。

答え：C

問3 難易度: ★★☆

下線部の語句と最も近い意味でつかわれているものを選びなさい。

彼は文学部に進学した<u>そうだ</u>

A 明日は雪が降り<u>そうだ</u>

B 魚が元気<u>そう</u>に泳いでいる

C この料理はとても美味し<u>そうだ</u>

D あの占い師はよく当たる<u>そうだ</u>

解き方

　問題文は、聞いて知ったことで、この用法を伝聞といいます。これと同じ用法はDです。

　A～Cは、実際に見て見かけから判断したことや予感を表し、この用法は推量といいます。

Aが「明日は雪が**降るそうだ**」だったら、誰かから聞いたか、天気予報などで知った情報なので伝聞になりますね。

なるほど。そうすると、Cが「この料理はとても**美味しいそうだ**」だったら、これも伝聞になりますね。

ほんの少し違うだけで意味が変わるなんて…日本語を一から勉強すると**難しそう**ですね。

そのセリフは推量ですね。

7
日目

答え：D

section 3 熟語の成り立ち どうやって読むか

1 前後の関係

ついに**最後**の**学習**です。熟語について学びましょう。「最後」「学習」はそれぞれ漢字が二字ですが、前の漢字と後の漢字にどんな関係があるでしょうか。

「最後」は「最も後ろ」です。「学習」は「学ぶ」と「習う」で同じような意味ですね。

その通りです。「最後」は送り仮名をつけて前から後ろに読むことができます。
図にすると以下のようになりますね。

最も 後ろ

学 イコール 習

あれ？　この図は少し前に見ましたね。

そうです。「二語関係」のところに出てきました。これをまた使いましょう。

面白そうですね。また問題を出してくださーい。

では、「就職」「国有」「明暗」を考えてみましょう。

「就職」は「職に就く」、「国有」は「国が有する」、「明暗」は明るいと暗いだから「反対の意味」です。

正解です。図にすると下のようになります。
「就職」は矢印が後ろから前、「国有」は前から後ろですね。
読む順序によって矢印が変わりますので注意が必要です。

主語と述語

「国有」は前から後ろだから、先ほどの「最後」の成り立ちと同じですか？

いえ、違います。
「国有」は前が主語、後ろが述語になっています。「最後」は前が後を修飾しています。表にまとめておきましょう。

7
日目

255

	関係	例
①	前の漢字が後の漢字を修飾する （前から後ろに読む）	最後 最も　後ろ
②	似た意味を持つ漢字を重ねる	学習 学　イコール　習
③	動詞の後に目的語をおく （後から前に読む 〜に〜する、〜を〜するなど）	就職 就く　職に
④	主語と述語の関係である （前から後ろに読む　〜が〜する）	国有 国が　有する 主語と述語
⑤	反対の意味を持つ漢字を重ねる	明暗 明　反対　暗

なんでこんなに難しい表に…。特に左の方が…。

それがですね、表の左にある文が選択肢になるんですよ。
問題を解いてみましょうか。

練習問題

問1　難易度：★★☆

　以下の熟語の成り立ち方として当てはまるものをA～Eの中から1つずつ選びなさい。

① 昇降　　② 自炊　　③ 読書　　④ 明朗　　⑤ 美人

A　前の漢字が後の漢字を修飾する
B　似た意味を持つ漢字を重ねる
C　動詞の後に目的語をおく
D　主語と述語の関係である
E　反対の意味を持つ漢字を重ねる

解き方

①「昇ると降りる」は反対の意味ですね。

答え：E

②「自分が炊く」は主語と述語の関係です。

主語と述語

答え：D

7
日目

③「書を読む」は後から前に「〜を〜する」なので、動詞と目的語になります。
「読む」と「書く」の関係ではないので注意しましょう。

読む　書を

答え：C

④ 「明るいと朗らか」は似た意味です。

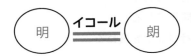

明　イコール　朗

答え：B

⑤ 「美しい人」は前が後ろを修飾していますね。

美しい　人

答え：A

問2　難易度： ★★☆

以下の熟語の成り立ちとして当てはまるものを A ～ E の中から 1 つずつ選びなさい。

① 矛盾　　② 添付　　③ 地震　　④ 失速　　⑤ 予定

A　前の漢字が後の漢字を修飾する
B　似た意味を持つ漢字を重ねる
C　動詞の後に目的語をおく
D　主語と述語の関係である
E　反対の意味を持つ漢字を重ねる

=== 解き方 ===

① 「矛（ほこ）」と「盾（たて）」は反対の意味ですね。矛と盾でなぜ矛盾なのか、語源や由来を知らない人は調べてみましょう！

答え：E

② 「添えると付ける」は似た意味です。

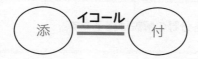

答え：B

7
日目

③ 「地が震える」は主語と述語の関係ですね。

地が　震える

主語と述語

答え：D

④ 「速さを失う」は動詞と目的語です。

失う　速さを

答え：C

⑤ 「予め定める」は前から後ろを修飾しています。「予め」は「あらかじめ」と読みます。読み方もチェックしましょう！

予め　定める

答え：A

これで各分野の解説は終了です。

CHALLENGE

模擬問題

ここでは力試しとして模擬問題に取り組みましょう。
模擬問題は1〜4まで、各20問、時間の目安は30分間で、
1から4に進むにつれて、難易度が少しずつアップしています。
また、言語分野は模擬問題から復習コーナーの各ページ下の部
分に小さく載っています。こちらは時間外で取り組んでみま
しょう。

はやく解けるように頑張ります♡♡

計算ミスにも気を付けないといけないですね。

模擬問題 1

解答・解説は 270 ページ

制限時間 limited time 30分

問 題

1

100 人の学生にアンケートをとったところ、心理学に興味がある学生が 65 人、政治学に興味がある学生が 53 人いた。心理学だけ興味がある学生が 32 人いた。

(1) 両方に興味がある学生は何人いるか。

A 32 人　　　　B 33 人　　　　C 34 人
D 35 人　　　　E 36 人　　　　F 37 人
G 38 人　　　　H A〜Gのいずれでもない

(2) 両方興味がない学生は何人いるか。

A 11 人　　　　B 12 人　　　　C 13 人
D 14 人　　　　E 15 人　　　　F 16 人
G 17 人　　　　H A〜Gのいずれでもない

2

男子 3 人、女子 5 人の中から代表を選ぶ。

(1) 4 人の代表を選ぶとき、選び方は何通りあるか。

A 60 通り　　　　B 65 通り　　　　C 70 通り
D 252 通り　　　E 648 通り　　　F 1260 通り
G 1800 通り　　　H A〜Gのいずれでもない

言語…練習その1 対義語を答えましょう。 ≫

(2) 男女2人ずつ代表を選ぶとき、選び方は何通りあるか。

A　30 通り　　　　B　40 通り　　　　C　50 通り

D　60 通り　　　　E　120 通り　　　F　150 通り

G　180 通り　　　H　A〜Gのいずれでもない

3

大小2つのサイコロを同時に投げる。出た目が2つとも奇数になる確率はどれか。

A $\dfrac{1}{6}$　　B $\dfrac{5}{18}$　　C $\dfrac{2}{9}$　　D $\dfrac{1}{4}$　　E $\dfrac{1}{2}$

F $\dfrac{7}{18}$　　G $\dfrac{5}{6}$　　　H　A〜Gのいずれでもない

4

X、Y、Zの3人で旅行をすることになった。Xが交通費10000円を支払い、Yが宿泊代17000円を支払った。これらを3人が同額ずつ負担する。

(1) 1人当たりの負担額はいくらか。

A　9000 円　　　　B　9500 円　　　　C　10000 円

D　10500 円　　　E　12000 円　　　F　13500 円

G　14000 円　　　H　A〜Gのいずれでもない

(2) Zは誰にいくら支払えばよいか。

    A Xに2000円、Yに7000円

    B Xに4000円、Yに5500円

    C Xに1000円、Yに8000円

    D Xに2500円、Yに7500円

    E Xに4500円、Yに5000円

    F Xに1500円、Yに7500円

    G Xに3500円、Yに5000円

    H A～Gのいずれでもない

5

あるプールでは、入場チケットは1人あたり1500円であるが、10人を超す団体は10人を超えた分については1人あたり1200円となる。

(1) このプールに30人の団体で行くと、入場チケットの総額はいくらか。

    A 38700円   B 38800円   C 38900円

    D 39000円   E 39100円   F 39200円

    G 39300円   H A～Gのいずれでもない

(2) このプールに12人の団体で行き、全員で均等になるように支払ったとき、1人あたりいくら支払えばよいか。

    A 1450円   B 1420円   C 1400円

    D 1380円   E 1350円   F 1320円

    G 1300円   H A～Gのいずれでもない

6

ある仕事を仕上げるのにPが1人で行うと4時間、Qが1人で行うと12時間かかる。

(1) この仕事をPとQの2人で行うと、仕上げるのに何時間かかるか。

A　2時間	B　3時間	C　4時間
D　5時間	E　6時間	F　7時間
G　8時間	H　A〜Gのいずれでもない	

(2) この仕事をPが1人で2時間行い、その後にQが1人で行った。仕上げるのに全部で何時間かかるか。

A　6時間	B　6.5時間	C　7時間
D　7.5時間	E　8時間	F　8.5時間
G　9時間	H　A〜Gのいずれでもない	

7

合宿免許代のうち、契約と同時に総額の $\frac{1}{15}$ を支払った。そして1か月後に残額の $\frac{2}{7}$ を支払い、2か月後に残りをすべて支払うことにした。2か月後に支払う金額は総額のどれだけにあたるか。

A　$\frac{1}{3}$	B　$\frac{4}{15}$	C　$\frac{2}{3}$
D　$\frac{2}{7}$	E　$\frac{11}{15}$	F　$\frac{3}{7}$
G　$\frac{4}{7}$	H　A〜Gのいずれでもない	

8

60km の距離を 50 分かけて車で移動した。この時の速さは時速何 km か。

A　時速 30km　　　B　時速 45km　　　C　時速 50km

D　時速 54km　　　E　時速 60km　　　F　時速 84km

G　時速 90km　　　H　A 〜 G のいずれでもない

9

家から駅へ時速 3km で姉が歩いて向かい、駅から家へ時速 4km で弟が歩いて向かう。それぞれが同時に向かい始めたとき、何分後に出会うか。家と駅との間の距離は 3.5km である。

A　30 分後　　　B　35 分後　　　C　40 分後

D　45 分後　　　E　50 分後　　　F　55 分後

G　60 分後　　　H　A 〜 G のいずれでもない

10

あるショッピングモールで調査したところ、買い物客 500 人のうち 30％が 20 代で、そのうち 62％が女性であった。20 代女性の買い物客は何人か。

A　88 人　　　B　91 人　　　C　93 人

D　102 人　　　E　105 人　　　F　120 人

G　124 人　　　H　A 〜 G のいずれでもない

11 ✎

10%の食塩水400gに水を100g加えたら何%の食塩水になるか。

A　7.8%　　　　B　8%　　　　　C　8.2%

D　8.5%　　　　E　8.7%　　　　F　9%

G　9.2%　　　　H　A〜Gのいずれでもない

12 ✎

原価2500円の商品に、原価の8割の利益を見込んで定価をつけた。

（1）定価はいくらか。

A　3125円　　　B　4000円　　　C　4500円

D　6500円　　　E　8000円　　　F　12000円

G　20000円　　　H　A〜Gのいずれでもない

（2）この商品は売れなかったため定価の3割引きで売ることになった。このとき売価はいくらか。

A　1350円　　　B　2250円　　　C　2550円

D　2870円　　　E　2940円　　　F　3150円

G　3360円　　　H　A〜Gのいずれでもない

13

P、Q、R、Sの4人が横一列に並んでいる。Pは端にいる。QはRの右隣りで、SとQの間に1人いる。このとき、確実に正しいのは次のうちどれか。

① RとPの間に1人いる
② RとSは隣り合っている
③ Sは端にいる

A　①のみ	B　②のみ	C　③のみ
D　①と②	E　②と③	F　①と③
G　①、②、③	H　A～Gのいずれでもない	

怠慢、怠惰 ◉意味チェック 怠けること

14

次の3つの式によって示される直線や曲線によって、平面は9つの領域に分けられる。

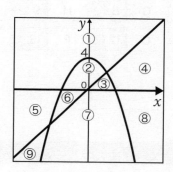

ア：　$y=0$

イ：　$y=x$

ウ：　$y=-\dfrac{1}{2}x^2+4$

次の不等式全てが表す領域は、①〜⑨のうちどれか。

ア'：　$y>0$

イ'：　$y<x$

ウ'：　$y<-\dfrac{1}{2}x^2+4$

A　③　　　　　　　B　④　　　　　　　C　⑥

D　⑧　　　　　　　E　①と⑤　　　　　F　②と⑥

G　③と⑦　　　　　H　A〜Gのいずれでもない

解 答

①(1)	B	①(2)	E	②(1)	C	②(2)	A	③	D
④(1)	A	④(2)	C	⑤(1)	D	⑤(2)	A	⑥(1)	B
⑥(2)	E	⑦	C	⑧	H	⑨	A	⑩	C
⑪	B	⑫(1)	C	⑫(2)	F	⑬	D	⑭	A

解 説

① 集 合

(1) 条件を元に○×表を作ると
右のようになる。
①＝65－32＝33(人)…B

(2) ⑤＝100－53＝47
タテに見て、
③＝47－32＝15(人)…E

ちなみに②と④も求めると、
②＝53－33＝20
④＝100－65＝35
よって、できあがりの表は右のよ
うになります。

政治学

		○	×	計
心理学	○	①	32	65
	×	②	③	④
	計	53	⑤	100

政治学

		○	×	計
心理学	○	33	32	65
	×	20	15	35
	計	53	47	100

○×表を作って、タテとヨコをどんどん埋めていこう！

270
section1section1 A4 | 寡黙、無口

2 順列・組合せ

（1）8人（男子3、女子5）の中から4人を選ぶから、

$$_8C_4 = \frac{8 \times 7 \times 6 \times 5}{4 \times 3 \times 2 \times 1} = 70（通り）\cdots C$$

（2）（男子3人の中から2人）and（女子5人の中から2人）だから、

$$_3C_2 \times _5C_2 = \frac{3 \times 2}{2 \times 1} \times \frac{5 \times 4}{2 \times 1} = 3 \times 10 = 30（通り）\cdots A$$

選ぶだけだからCを使えばよいですね。

3 確 率

目の出方は全部で36通り。

そのうち出た目が2つとも奇数になるのは以下の9通り。

	1	2	3	4	5	6
1	○		○		○	
2						
3	○		○		○	
4						
5	○		○		○	
6						

よって、$\dfrac{9}{36} = \dfrac{1}{4} \cdots D$

表を見れば一目瞭然ですね。

4　料金の精算

（1）かかった金額を 3 人で同額ずつ負担するから、
（10000＋17000）÷3＝27000÷3＝9000（円）…A

（2）3 人の関係をまとめると、

… Z が X に 1000 円、Y に 8000 円支払えばよい。…C

支払った金額と割り勘の差額を計算しましょう。

5　割引計算

（1）1500円が10人分、1200円が20人分だから、
1500×10＋1200×20＝15000＋24000＝39000（円）…D

（2）総額は、1500 × 10 + 1200 × 2 = 15000 + 2400 = 17400（円）
よって 1 人あたりの支払いは、
17400÷12＝1450（円）…A

6 　仕事算

（1）仕事の量をきびだんごの数として以下のように考える。

  その1　仕事（きびだんごの数）

> 「4」と「12」の最小公倍数 → 12個

 その2　1時間にする仕事（何個作るか）

> P： 12 ÷ 4 ＝ 3（個）
> Q： 12 ÷ 12 ＝ 1（個） ⎱ 2人で、P + Q = 4（個）

よって、12 ÷ 4 ＝ 3（時間）…B

（2）

  その1　前半にPがした仕事（きびだんごの数）

> 3 × 2 ＝ 6（個）

  その2　後半にQがする仕事（きびだんごの数）

> 12 − 6 ＝ 6（個）

その3 Q は何日間でできるか

$$6 \div 1 = 6 \,(時間)$$

よって、かかった時間は、 $2 + 6 = 8 \,(時間)\cdots E$

 Check

きびだんごの考え方については、2日目 仕事算を読ん
でくださいね。

---

7 **分割払い**

合宿免許代を 1 とすると、契約時に支払った残額は、

$1 - \dfrac{1}{15} = \dfrac{14}{15}$ となる。

1 か月後の支払い額は、残額の $\dfrac{2}{7}$ なので、$\dfrac{14}{15} \times \dfrac{2}{7} = \dfrac{4}{15}$

よって、2 か月後に支払う金額は、

$1 - \dfrac{1}{15} - \dfrac{4}{15} = \dfrac{10}{15} = \dfrac{2}{3} \cdots C$

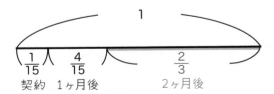

8 　速　さ

速さ、時間、距離は以下の通りである。

(は)（速さ）…時速 x km

(じ)（時間）…50分 $= \dfrac{50}{60}$ 時間 $= \dfrac{5}{6}$ 時間　　(き)（距離）…60km

$\overset{\div 60}{\curvearrowright}$

よって $\underset{(は)}{x} \times \underset{(じ)}{\dfrac{5}{6}} = \underset{(き)}{60}$

$x = 60 \div \dfrac{5}{6} = 60 \times \dfrac{6}{5} = 72$

時速 72km…H

まず単位を速さに合わせるべし！

9 　旅人算

姉と弟を2人まとめて考えると、

(は)（速さ）…時速 7 km　　(じ)（時間）… x 時間　　(き)（距離）…3.5 km
　　　　　　　　　　　　　　　　　　　　　　　　　　★単位は OK！

$\underset{(は)}{7} \times \underset{(じ)}{x} = \underset{(き)}{3.5}$　　 $x = 3.5 \div 7 = 0.5$（時間）$= 30$（分）…A

$\underset{\times 60}{\curvearrowright}$

単位を確認したら(は)×(じ)＝(き)の式に代入しましょう。

10　割　合

以下のように樹形図を使ってまとめる。

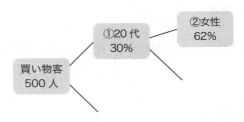

よって　500 × 0.3 × 0.62 ＝ 93（人）…C

①全体の 30%　②そのうち 62%

11　濃度算

元の食塩水と出来上がりの食塩水で、それぞれ式を作る。

> 元の食塩水：400 × 0.1 ＝ 40
> 　　　　　食塩水　濃度　塩

水を 100g 加えると、食塩水は 400＋100＝500（g）になるから、

> 出来上がりの食塩水：500 × x ＝ 40
> 　　　　　　　　食塩水　濃度　塩

よって、x＝40÷500＝0.08＝8（%）…B

元と出来上がりで食塩の量は変わりませんね。

A7　賛成　←反対の反対は賛成

12　損益算

原価、定価、売価をまとめると以下のようになる。

(げ)（原価）2500

(て)（定価）4500

(ば)（売価）3150

$2500 \times 1.8 = 4500$（円）… (1) C

$4500 \times 0.7 = 3150$（円）… (2) F

Check

8割の利益を見込んで→ 1 + 0.8 = 1.8
3割引→ 1 − 0.3 = 0.7

13　推　論

Pの条件➡Q、R、Sの条件の順にまとめると、以下の2パターンが考えられる。

| P | | | | | ➡ | P | S | R | Q |

| | | | P | ➡ | S | R | Q | P |

①と②は上と下のどちらのパターンでも確実にいえる。
③は下のパターンのみしかいえない。…D

14　不等式の領域

ア'〜ウ'はそれぞれ斜線部分を表す。

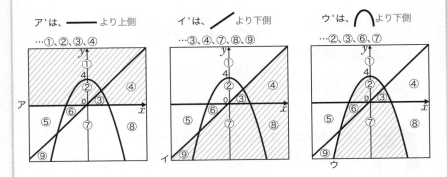

ア'は、——　より上側
…①、②、③、④

イ'は、╱　より下側
…③、④、⑦、⑧、⑨

ウ'は、⌒　より下側
…②、③、⑥、⑦

よって、これらを全て満たすのは③となる…A

\ひとくち/ 就活コラム

企業説明会や面接に行くときに気をつけたいのが
身だしなみです。
フレッシュで清潔感のある身だしなみを心掛けま
しょう。

身だしなみチェック

○スーツは黒、グレーの無地がおススメ。
○ 体形に合っているもの。
○シャツ、ブラウスは白。
×シミ、シワ、汚れ
○靴は磨こう。

○清潔感のあるスタイル
×寝ぐせ
×髭の剃り残し

○長い髪は結ぶ
○ナチュラルメーク
○自然な色

○ センタープレス(折り
　目)があるかチェック!

○ ストッキングが伝線し
　ていないかチェック!

問 題

1

200 名の学生が調理と被服のペーパーテスト及び実技テストを受けたところ、結果は以下のようになった。

科目	テスト	合格	不合格
調理	ペーパー	85 人	115 人
	実　技	114 人	86 人
被服	ペーパー	130 人	70 人
	実　技	99 人	101 人

(1) 調理のペーパーテストと実技テストの両方に合格した学生は70 人だった。調理のペーパーテストと実技テストの両方不合格だった学生は何人いるか。

A　65 人　　　　B　67 人　　　　C　69 人

D　71 人　　　　E　73 人　　　　F　75 人

G　77 人　　　　H　A～Gのいずれでもない

(2) 調理のペーパーテストは合格し、被服のペーパーテストは不合格だった学生が 15 人だった。調理のペーパーテストは不合格で、被服のペーパーテストは合格した学生は何人いるか。

A　55 人　　　　B　60 人　　　　C　65 人

D　70 人　　　　E　75 人　　　　F　80 人

G　85 人　　　　H　A～Gのいずれでもない

2 📝

男子 3 人、女子 5 人の中から、3 人の代表を選ぶ。

（1）女子を 2 人以上選ぶとき、選び方は何通りあるか。

A 30 通り	B 40 通り	C 60 通り
D 70 通り	E 90 通り	F 120 通り
G 150 通り	H A～G のいずれでもない	

（2）男子を少なくとも 1 人選ぶとき選び方は何通りあるか。

A 44 通り	B 46 通り	C 48 通り
D 50 通り	E 52 通り	F 54 通り
G 56 通り	H A～G のいずれでもない	

3 📝

黒い球が 2 個、白い球が 7 個、袋に入っている。P と Q が順に袋の中から 1 個ずつ球を取り出す。

（1）2 人とも黒い球になる確率はどれか。ただし、取り出した球は元に戻さない。

A $\dfrac{1}{36}$　　　　B $\dfrac{4}{9}$　　　　C $\dfrac{5}{9}$

D $\dfrac{7}{12}$　　　　E $\dfrac{7}{36}$　　　　F $\dfrac{25}{72}$

G $\dfrac{1}{8}$　　　　H A～G のいずれでもない

（2）2人とも同じ色になる確率はどれか。ただし、取り出した球は元に戻さない。

A　$\dfrac{17}{36}$　　　B　$\dfrac{13}{18}$　　　C　$\dfrac{2}{9}$

D　$\dfrac{11}{18}$　　　E　$\dfrac{7}{36}$　　　F　$\dfrac{25}{72}$

G　$\dfrac{5}{12}$　　　　H　A～Gのいずれでもない

4

X、Y、Zの3人で映画に行った。Xが映画代の3000円を、Yが軽食代の1200円を支払った。これらを全員が同額負担となるように精算するとき、YがXに **ア** 円、ZがXに **イ** 円支払えばよい。このとき、**ア**、**イ** にあてはまる組合せは次のA～Hのうちどれか。

	ア	イ
A	400	1500
B	300	1300
C	200	1400
D	100	1500
E	900	2100
F	700	1300
G	600	1200
H	A～Gのいずれでもない	

5

ある仕事を仕上げるのにPが1人で行うと10日、Qが1人で行うと25日かかる。この仕事をPとQの2人で行うと、仕上がるのは何日目か。

A　6日目　　　　　B　7日目　　　　　C　8日目

D　9日目　　　　　E　10日目　　　　　F　11日目

G　12日目　　　　H　A〜Gのいずれでもない

6

クラリネットを購入し、支払いは7回に分けて行うことにした。初回に総額の$\frac{1}{4}$を支払い、2回目から先は均等に分割して支払うことにした。2回目に支払う金額は代金のどれだけにあたるか。

A　$\frac{1}{8}$　　　　　　B　$\frac{1}{12}$　　　　　　C　$\frac{3}{28}$

D　$\frac{5}{28}$　　　　　　E　$\frac{1}{15}$　　　　　　F　$\frac{2}{15}$

G　$\frac{1}{7}$　　　　　　H　A〜Gのいずれでもない

7

列車がP駅とQ駅の間を往復している。次の表は列車の時刻表である。

P 駅	7：30 発		着
	↓	↑	
Q 駅	8：15 着	8：40 発	

（1）P駅からQ駅へ向かう列車の速さは時速100kmである。P駅とQ駅間の距離は何kmか。

A　75km　　　　B　60km　　　　C　80km

D　95km　　　　E　100km　　　F　85km

G　70km　　　　H　A〜Gのいずれでもない

（2）Q駅からP駅へは列車は時速90kmで走る。8：40にQ駅を出発した列車がP駅に着く時刻はどれか。

A　9：20　　　　B　9：25　　　　C　9：30

D　9：40　　　　E　9：45　　　　F　9：50

G　9：55　　　　H　A〜Gのいずれでもない

8

長さ350mの鉄橋を、長さ150mの列車が時速90kmで通過する。この列車が鉄橋を渡り始めてから完全に渡り終えるまでかかる時間は何秒か。

A　18秒　　　　B　20秒　　　　C　22秒

D　24秒　　　　E　26秒　　　　F　28秒

G　30秒　　　　H　A〜Gのいずれでもない

9

原価 7000 円の商品に 4 割増しの定価をつけたが、売れなかったので 2 割引きにして売った。このとき利益はいくらになるか。

A　840 円　　　　B　1400 円　　　　C　1560 円

D　2320 円　　　 E　700 円　　　　 F　1120 円

G　1260 円　　　 H　A〜G のいずれでもない

10

ある大学で学生 200 人にアルバイトに関するアンケートをとった。回答者の 40％が男子で、そのうち 60％が飲食関係のアルバイトをしていることがわかった。

(1)　飲食関係のアルバイトをしている男子は何人いるか。

A　42 人　　　　B　48 人　　　　C　54 人

D　56 人　　　　E　64 人　　　　F　72 人

G　90 人　　　　H　A〜G のいずれでもない

(2)　飲食関係のアルバイトをしている学生は全部で 78 人だった。
　　 飲食関係のアルバイトをしている女子は、女子全体の何％か。

A　12％　　　　B　13.5％　　　　C　16％

D　19.2％　　　E　22.5％　　　　F　25％

G　27.6％　　　H　A〜G のいずれでもない

11

ビーカーに水が入っている。これに食塩を 20 g 入れてよく混ぜると 8 ％の食塩水になった。水は何 g 入っていたか。

A　200 g	B　220 g	C　230 g
D　250 g	E　280 g	F　300 g
G　310 g	H　A〜G のいずれでもない	

12

P、Q、R、S の 4 人がテニスの総当たり戦を行った。

> ・S は Q に負けた
> ・R は Q と S に勝った
> ・P は 1 勝 2 敗であった
> ・4 人の勝敗数はそれぞれ異なっていた

上記のことがわかっているとき、①、②、③のうち確実にいえるのはどれか。

① 　R は全勝した
② 　P は S に勝った
③ 　Q は 2 勝 1 敗だった

A　①のみ	B　②のみ	C　③のみ
D　①と②	E　②と③	F　①と③
G　①、②、③	H　A〜G のいずれでもない	

13

下の表は、ある大学で行った SPI 模試の受検者の点数分布である。言語分野が 30 点以上の学生の非言語分野の平均点としてあり得るのは次のどれか。

SPI 模試　受検者（50 人）点数分布

言語＼非言語	0〜9点	10〜19点	20〜29点	30〜39点	40〜50点
0〜9点			1		
10〜19点	2	1		4	3
20〜29点		2	4	3	5
30〜39点			6	5	6
40〜50点			3	3	2

A　16.3 点　　　　B　20.9 点　　　　C　25.5 点

D　29.2 点　　　　E　35.5 点　　　　F　39.1 点

G　41.8 点　　　　H　A〜G のいずれでもない

14

ある大学のオープンキャンパスに来た人の順路を示すと次のように
なる。P、Q、R、S はイベント会場で、a、b、c はそれぞれの会場
から移動する人の割合を示す。

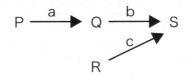

(1) この図で、S を表す式として正しいものはどれか。

　　ア　S＝bQ＋cR
　　イ　S＝(a＋b)P＋cR
　　ウ　S＝abP＋cR

　A　アのみ　　　　　B　イのみ　　　　　C　ウのみ

　D　アとイ　　　　　E　イとウ　　　　　F　アとウ

　G　ア、イ、ウ　　　H　A〜Gのいずれでもない

(2) PとRに同じ数の人がいたとする。a＝0.5、b＝0.6、c＝0.7
　　とすると、PからSに行った人数は、RからSに行った人数に
　　対してどれだけにあたるか。小数で答えなさい。ただし、必要に
　　応じて最後に小数点以下第3位を四捨五入すること。

　A　0.28　　　　　B　0.30　　　　　C　0.31

　D　0.36　　　　　E　0.39　　　　　F　0.43

　G　0.48　　　　　H　A〜Gのいずれでもない

\ひとくち/
就活コラム

明るいスマイルがいいですね。
企業に ES（ エントリーシート ）などの書類を
提出するときにもそのスマイルを忘れずに。

スマイルの他に
お願いします
ES
大切なものが。

でも、ちょっと待って！
スマイルの他にも大切なことが！
書類の提出は必ず両手で、そして、相手が字を
読める向きで渡しましょう。
もちろん座ったままではなく、立って、相手の
目を見てね。

解 答

1 (1)	D	1 (2)	B	2 (1)	B	2 (2)	B	3 (1)	A
3 (2)	D	4	C	5	C	6	A	7 (1)	A
7 (2)	C	8	B	9	A	10 (1)	B	10 (2)	F
11	C	12	G	13	E	14 (1)	F	14 (2)	F

解 説

1 集 合

(1) 調理のペーパーテストと実技テストの○×表を作る。

科目	テスト	合格	不合格
調理	ペーパー	85人	115人
	実技	114人	86人
被服	ペーパー	130人	70人
	実技	99人	101人

→

調理実技

		○	×	計
調理ペーパー	○	70	①	85
	×	②	③	115
	計	114	86	200

右上の表より、
①＝85－70＝15
③＝86－15＝71
よって、両方不合格だった学生は 71人…D

別 解

②＝114－70＝44
③＝115－44＝71

(2) 調理と被服のペーパーテストの表を作る。

科目	テスト	合格	不合格
調理	ペーパー	85人	115人
	実技	114人	86人
被服	ペーパー	130人	70人
	実技	99人	101人

被服ペーパー

調理ペーパー	○	×	計
○	①	15	85
×	②	③	115
計	130	70	200

右上の表より

①=85−15=70、②=130−70=60(人)…B

③= 70-15 = 55、
②= 115-55 = 60 (人) でも、もちろん OK !

2　順列・組合せ

(1) 「男子1人and女子2人」or「女子3人」を選ぶと考えて、

$(_3C_1 \times _5C_2) + (_5C_3)$

$= \left(\dfrac{3}{1} \times \dfrac{5 \times 4}{2 \times 1} \right) + \left(\dfrac{5 \times 4 \times 3}{3 \times 2 \times 1} \right)$

$= 3 \times 10 + 10 = 40$(通り)…B

(2) 「男子を少なくとも1人選ぶ」=「女子だけを選ぶのはNG」だから、

8人(男子3女子5)から3人選ぶ

$_8C_3 - _5C_3 = \dfrac{8 \times 7 \times 6}{3 \times 2 \times 1} - \dfrac{5 \times 4 \times 3}{3 \times 2 \times 1}$

女子5人から3人選ぶ

$= 56 - 10 = 46$(通り)…B

「男子を少なくとも1人選ぶ」
＝「全体」－「女子だけを選ぶ」
と考えますよ〜。

3 確 率

(1) P、Q共に黒球を取り出すから、

$$\frac{2}{9} \times \frac{1}{8} = \frac{1}{36} \cdots A$$

Qが取り出すときには黒い球が1つ減っていますね。

(2) (「P黒」and「Q黒」) or (「P白」and「Q白」) と考えて、

$$\frac{2}{9} \times \frac{1}{8} + \frac{7}{9} \times \frac{6}{8} = \frac{2}{72} + \frac{42}{72} = \frac{44}{72} = \frac{11}{18} \cdots D$$

「and」は掛け算、「or」は足し算。

4 料金の精算

割り勘は、 (3000＋1200) ÷3＝4200÷3＝1400 (円)

よって、3人の関係をまとめると、

3000－1400＝1600円
➡ 1600円もらう

Y　1400－1200＝200円
➡ 200 円支払う

 Z　1400 円支払う

よって Y が X に 200 円、Z が X に 1400 円支払えばよい。…C

5　仕事算

仕事の量をきびだんごの数と考えると、以下のようになる。

 その1　仕事（きびだんごの数）

> 「10」と「25」の最小公倍数　→　50 個

 その2　1日にする仕事（何個作るか）

> P：50 ÷ 10 ＝ 5（個）
> Q：50 ÷ 25 ＝ 2（個）　｝2人で、P＋Q＝7（個）

よって、50÷7＝7.1…　だから、仕上がりは8日目…C

 check

> 7日とちょっとかかったので、8日目に突入です。

6　分割払い

初回に $\dfrac{1}{4}$ を支払うと、残額は、$1 - \dfrac{1}{4} = \dfrac{3}{4}$

これを2回から7回までの6回に分けると、1回あたりの支払いは、

$$\dfrac{3}{4} \div 6 = \dfrac{3}{4} \times \dfrac{1}{6} = \dfrac{1}{8}$$

よって、2回目に支払うのは $\dfrac{1}{8}$ …A

Check

> 具体的な金額がないので、全体＝1としましょう

7　速　さ

(1)　P駅を7：30に発車し、Q駅に8：15に着くので45分かかっている。

(は)（速さ）…時速100km

(じ)（時間）…45分 $= \dfrac{45}{60}$ 時間 $= \dfrac{3}{4}$ 時間

$\div 60$

よって、$\underset{\text{(は)}}{100} \times \underset{\text{(じ)}}{\dfrac{3}{4}} = \underset{\text{(き)}}{75}$ （km）…A

(2)　(1)より、Q駅からP駅までの距離は75kmなので、

(は)（速さ）…時速90km　　(じ)（時間）…x 時間　　(き)（距離）…75km

単位は OK！

よって、$\underset{\text{（は）}}{90} \times \underset{\text{（じ）}}{x} = \underset{\text{（き）}}{75}$

$x = 75 \div 90 = \dfrac{75}{90} = \dfrac{5}{6}$ （時間）＝50（分）

　　　　　　　　　　　　　　×60

8：40 の 50 分後に P 駅に着くので、その時刻は、9：30…C

8　通過算

速さ・時間・距離は以下の通りである。

（は）（速さ）…時速 90km ＝秒速 25m

　　　　　　　　　　÷3.6

（じ）（時間）… x 秒

（き）（距離）…（鉄橋の長さ）＋（列車の長さ）＝350＋150＝500(m)

よって、$\underset{\text{（は）}}{25} \times \underset{\text{（じ）}}{x} = \underset{\text{（き）}}{500}$　　　$x = 500 \div 25 = 20$（秒）…B

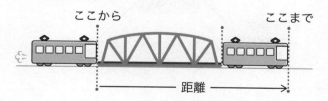

ここから　　　　　　　　　　　　　　ここまで

距離

Check

「時速○○ km」から「秒速○○ m」への計算は「÷3.6」です。（3日目 通過算参照）

9　損益算

原価・売価・定価を並べて書くと、

(げ)（原価）7000

4 割増し
7000×1.4＝9800

(て)（定価）9800

2 割引
9800×0.8＝7840

(ば)（売価）7840

よって、利益は 7840−7000＝840（円）…A

 Check
7000 円で仕入れて 7840 円で売ったということですね。

10　割　合

（1）樹形図に表すと以下のようになる。

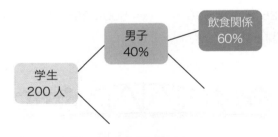

学生
200 人

男子
40%

飲食関係
60%

よって

200 × 0.4 × 0.6 = 48（人）…B

全体の 40%　　そのうち 60%

(2) ①女子、②飲食関係を樹形図に書き加える。

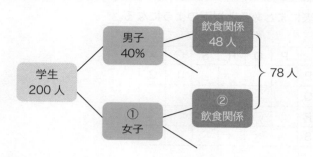

①：回答者の 40％が男子で、女子は 60％なので、
　　①＝ 200×0.6＝120（人）

②：飲食関係のアルバイトをしている学生は全部で 78 人だから、
　　②＝78－48＝30（人）

よって、120×x＝30　x＝30÷120＝0.25＝25（%）…F

まずは、
①：女子全体
②：飲食関係の女子の人数を
計算しましょう。

---

11 濃度算

混ぜた後の食塩水の量を x g とすると、$\underset{\text{食塩水}}{x} \times \underset{\text{濃度}}{0.08} = \underset{\text{塩}}{20}$

よって　x＝20÷0.08＝250（g）

食塩水 250g の中に食塩が 20g 入っているので、水の量は、
250－20＝230（g）…C

12 推　論

条件を表にまとめると以下のようになる。

相　手

自分 \ 相手	P	Q	R	S	○	×
P	\				1	2
Q		\	×	○		
R		○	\	○		
S		×	×	\		

最後の条件は、
全勝、2勝1敗、1勝2敗、全敗がそれぞれ
1人ずついるということです。

相　手

自分 \ 相手	P	Q	R	S	○	×
P	\		×		1	2
Q		\	×	○		
R	○	○	\	○	3	0
S		×	×	\		

全勝するのは今の時点で負けがないRに決定。

➡

相　手

自分 \ 相手	P	Q	R	S	○	×
P	\		×	○	1	2
Q		\	×	○		
R	○	○	\	○	3	0
S	×	×	×	\	0	3

全敗するのは今の時点で勝ちがないSに決定。

➡

相　手

自分 \ 相手	P	Q	R	S	○	×
P	\	×	×	○	1	2
Q	○	\	×	○	2	1
R	○	○	\	○	3	0
S	×	×	×	\	0	3

Pは1勝2敗だからQに負けが決定。表が完成♪

よって、
①：Rは全勝した
②：PはSに勝った
③：Qは2勝1敗だった
全て確実にいえる…G

⑬ 表の読み取り

SPI 模試　受検者（50人）点数分布

言語＼非言語	0〜9点	10〜19点	20〜29点	30〜39点	40〜50点
0〜9点			1		
10〜19点	2	1		4	3
20〜29点		2	4	3	5
30〜39点			6	5	6
40〜50点			3	3	2

最低点←（20〜,30〜,40〜）の上段　最高点←（29点,39点,50点）の下段

①9人　②8人　③8人

言語分野が30点以上の学生は上の表の色付きの部分で、9＋8＋8＝25（人）いることがわかる。
それぞれが最低点および最高点をとったときの平均点を求める。

平均点
- 最低 $(20 \times 9 + 30 \times 8 + 40 \times 8) \div 25 = 740 \div 25 = 29.6$（点）
  - ① ② ③
- 最高 $(29 \times 9 + 39 \times 8 + 50 \times 8) \div 25 = 973 \div 25 = 38.92$（点）
  - ① ② ③

平均点は29.6点から38.92点の間にあるので、Eが正解。

解 説

14　物の流れと比率

（1）

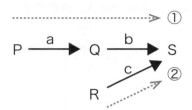

上のように①、②とおくと、S ＝①＋②と表すことができる。

①：abP または bQ
②：cR

であるから、

ア　S＝ bQ＋ cR　　　イ　S＝（a+b）P＋ cR　　　ウ　S＝ abP＋ cR
　　　　 ①　 ②　　　　　　　　　 ①ではない　 ②　　　　　　　 ①　 ②

となり、S ＝①＋②となっているのはアとウ …F

(2)

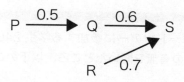

PとRにそれぞれ100人いたとする。

・PからSに行った人数は、100 × 0.5 × 0.6 = 30（人）
・RからSに行った人数は、100 × 0.7 = 70（人）

「PからSに行った人数（30人）は、RからSに行った人数（70人）
に対してどれだけ（x）にあたるか」を式にすると、
$30 = 70x$　よって、$x = 30 ÷ 70 = 0.428… ≒ 0.43…$F

模擬問題 3

解答・解説は 310 ページ

制限時間 limited time 30 分

問 題

1

スキー&スノーボードツアーに参加する学生 240 人に、スキーとスノーボードの経験の有無を聞いたところ、以下のことがわかった。

- ・ スキー経験者は 135 人いた。
- ・ スキー未経験者の中で、スノーボード経験者は未経験者の半分だった。
- ・ スノーボード経験者は 90 人いた。

(1) スキー未経験、かつスノーボード経験がある学生は何人か。

    A 35人   B 45人   C 50人
    D 70人   E 80人   F 90人
    G 75人   H A〜G のいずれでもない

(2) 両方の経験がある学生は何人か。

    A 40人   B 45人   C 50人
    D 55人   E 65人   F 70人
    G 95人   H A〜G のいずれでもない

2

1、2、3、4 の数字が書かれたカードが 1 枚ずつある。

(1) これらの中から 3 枚を並べて 3 ケタの整数を作るとき、偶数は何通りできるか。

    A 6通り   B 8通り   C 12通り
    D 16通り   E 24通り   F 30通り
    G 36通り   H A〜G のいずれでもない

言語…練習その 3 2つの熟語の関係を答えましょう。 》

（2）これらの中から3枚を並べて3ケタの整数を作るとき、140以下の整数は何通りできるか。

A 2通り   B 3通り   C 4通り

D 5通り   E 6通り   F 7通り

G 8通り   H A〜Gのいずれでもない

3

当たり3本含む10本のくじがある。PとQの2人が順にくじを引いた。ただし、Pが引いたくじは元に戻さない。

（1）Pが当たる確率はどれか。

A $\dfrac{3}{13}$ B $\dfrac{10}{13}$ C $\dfrac{3}{10}$

D $\dfrac{7}{13}$ E $\dfrac{7}{10}$ F $\dfrac{1}{10}$

G $\dfrac{1}{13}$ H A〜Gのいずれでもない

（2）Qが当たる確率はどれか。

A $\dfrac{3}{13}$ B $\dfrac{10}{13}$ C $\dfrac{3}{10}$

D $\dfrac{7}{13}$ E $\dfrac{7}{10}$ F $\dfrac{1}{10}$

G $\dfrac{1}{13}$ H A〜Gのいずれでもない

4

ある動物園の入場料は大人が 2000 円、子どもが 1500 円である。
20 人を超す団体については入場者全員が 30％引きになる。

(1) 大人 10 人、子ども 15 人で入場すると、総額はいくらになるか。

A　36750 円　　　B　24500 円　　　C　20825 円

D　20050 円　　　E　19750 円　　　F　19535 円

G　18775 円　　　H　A～G のいずれでもない

(2) 22 人の団体で入場したところ、総額が 28000 円だった。この
団体の大人は何人か。

A　8 人　　　　　B　9 人　　　　　C　10 人

D　11 人　　　　 E　12 人　　　　 F　13 人

G　14 人　　　　 H　A～G のいずれでもない

5

車を購入した。頭金として代金の $\frac{1}{4}$ を支払い、納品時に頭金の $\frac{1}{3}$ を支
払った。

(1) 残金は代金のどれだけにあたるか。

A　$\frac{7}{12}$　　　　B　$\frac{5}{12}$　　　　C　$\frac{1}{3}$

D　$\frac{2}{3}$　　　　E　$\frac{2}{7}$　　　　F　$\frac{5}{7}$

G　$\frac{4}{7}$　　　　H　A～G のいずれでもない

（2）残金を 4 回の均等分割払いにした。1 回あたりに支払う金額は代金のどれだけにあたるか。

A　$\dfrac{7}{48}$　　　　B　$\dfrac{5}{48}$　　　　C　$\dfrac{1}{12}$

D　$\dfrac{1}{6}$　　　　E　$\dfrac{1}{14}$　　　　F　$\dfrac{7}{28}$

G　$\dfrac{1}{7}$　　　　　H　A〜G のいずれでもない

6

A町からB町を通ってC町へ向かった。A町からB町までは時速60kmの速さで 1 時間 20 分かかり、B 町から C 町へは時速 70km の速さで 2 時間かかった。A 町から C 町へ向かった時の平均時速は何 km か。

A　時速 62km　　B　時速 64km　　C　時速 66km

D　時速 68km　　E　時速 63km　　F　時速 65km

G　時速 67km　　H　A〜G のいずれでもない

7

P が分速 50 m で歩き始めた。その 15 分後に Q が分速 65 m で P を追いかけた。Q が歩き始めて何分後に P に追いつくか。

A　30 分後　　　B　35 分後　　　C　40 分後

D　45 分後　　　E　50 分後　　　F　55 分後

G　60 分後　　　H　A〜G のいずれでもない

問 題

8

400 ページある本を、初日に全体の 20 ％読み、次の日に残りの 30 ％を読んだ。あと何ページ残っているか。

- A　184 ページ
- B　192 ページ
- C　200 ページ
- D　204 ページ
- E　218 ページ
- F　220 ページ
- G　236 ページ
- H　A 〜 G のいずれでもない

9

ある商品を 1 個 200 円で 150 個仕入れ、仕入れ値の 3 割増しの定価をつけて売ったところ 60 個しか売れなかった。残りは定価の半額にしてようやく完売した。このとき利益または損失はいくらになるか。

- A　2700 円の損失
- B　2700 円の利益
- C　5760 円の損失
- D　5760 円の利益
- E　3320 円の損失
- F　3320 円の利益
- G　6810 円の損失
- H　A 〜 G のいずれでもない

10

次表は、P、Q、R の 3 つの市の人口密度（1km² あたりの人口）を表したものである。P 市の面積は、Q 市の面積と等しく、R 市の面積の半分である。

市	人口密度
P	220
Q	520
R	300

　同じ意味（同義語、類義語）

P市とR市を合わせた地域の人口密度はQ市の人口密度と等しい。この推論は正しいか。

　　A　正しい　　　B　誤り　　　C　どちらともいえない

11

下の表は、ある大学の学部別学生数を調べたものである。

学　　部	人　数（人）	構成比（%）
文 学 部		30
法 学 部	286	22
理工学部		
薬 学 部		14
教育学部		13
合　　計		100

（1）理工学部の学生の構成比は何%か。

　　A　15%　　　　B　16%　　　　C　17%
　　D　18%　　　　E　19%　　　　F　20%
　　G　21%　　　　H　A～Gのいずれでもない

（2）この大学の学生数は何人か。

　　A　1200人　　B　1300人　　C　1400人
　　D　1500人　　E　1600人　　F　1700人
　　G　1800人　　H　A～Gのいずれでもない

(3) 教育学部の学生は何人か。

A　169人	B　182人	C　195人
D　201人	E　208人	F　221人
G　234人	H　A～Gのいずれでもない	

12

次の3つの式によって示される直線や曲線によって、平面は8つの領域に分けられる。

ア：$y = 0$
イ：$y = x - 1$
ウ：$y = -x^2 + 1$

(1) 次の不等式全てが表す領域は、①～⑧のうちどれか。

ア'：$y < 0$
イ'：$y < x - 1$
ウ'：$y > -x^2 + 1$

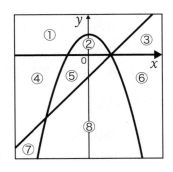

A　②	B　⑧	C　②と⑤
D　④と⑥	E　③と⑥	F　⑥と⑦
G　①と②	H　A～Gのいずれでもない	

A3 魚座は星座の1つ（魚座は星座に含まれる）

(2)　ア、イ、ウの等号（＝）を不等号（＞または＜）に変えて⑤の部分を表したい。「＜」の不等号がつくのはア、イ、ウのどれか。

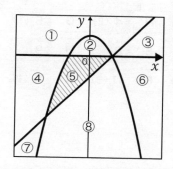

A　アのみ　　　　B　イのみ　　　　C　ウのみ

D　アとイ　　　　E　イとウ　　　　F　アとウ

G　ア、イ、ウ全て　　H　A〜Gのいずれでもない

解 答

① (1)	A	① (2)	D	② (1)	C	② (2)	C	③ (1)	C
③ (2)	C	④ (1)	H	④ (2)	G	⑤ (1)	D	⑤ (2)	D
⑥	C	⑦	E	⑧	H	⑨	A	⑩	B
⑪ (1)	G	⑪ (2)	B	⑪ (3)	A	⑫ (1)	F	⑫ (2)	F

解 説

① 集 合

条件を表にまとめると以下のようになる。

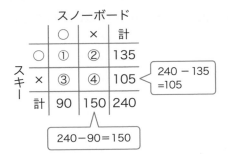

スノーボード

	○	×	計
○	①	②	135
×	③	④	105
計	90	150	240

スキー

240 − 135 =105

240−90=150

>
> 考え方
>
> 「スキー未経験者の中で、スノーボード経験者は未経験者の半分だった。」とは、上の表で「③は④の半分だった」、すなわち「④は③の2倍だった」ということです。よって、③＝ x とすると、④＝ $2x$ と表すことができます。

③＋④＝ 105より、$x+2x=105$

これを解くと、$3x=105$　よって $x=35$ …③

④＝2×35＝70

さらに、表をタテに見て、①＝90−35＝55、②＝150−70＝80

310 A4 同じ意味（同義語、類義語）。 ✅ 読み方チェック 精進

よって、

(1)　③＝35人…A　　　　(2)　①＝55人…D

2　順列・組合せ

（1）偶数にするには、一の位を 2 または 4 にしなければならない。

一の位　「2」または「4」で 2 通り

十の位　一の位で使ったカード以外の 3 枚から選んで 3 通り

百の位　一の位と十の位で使ったカード以外の 2 枚から選んで 2 通り

よって、2 × 3 × 2 ＝ 12（通り）…C

（2）140 以下にするには、百の位は 1 に決まり、十の位は 2 または 3 にしなければならない。

百の位　「1」で 1 通り

十の位　「2」または「3」で 2 通り

一の位　百の位と十の位で使ったカード以外の 2 枚から選んで 2 通り

よって、1 × 2 × 2 ＝ 4（通り）…C

Check

条件があるところ（1）は一の位、（2）は百の位から考えましょう。

③ 確 率

(1) 10本のくじの中に当たりは3本だから、$\dfrac{3}{10}$ …C

> くじは当たりを含めて10本です。
> 13本ではないですよ〜。

(2) 何番目に引いても当たる確率は同じだから、(1)と同じで $\dfrac{3}{10}$ …C

> **別解**
>
> (P当たり and Q当たり) or (Pはずれ and Q当たり)
>
> $= \dfrac{3}{10} \times \dfrac{2}{9} + \dfrac{7}{10} \times \dfrac{3}{9} = \dfrac{6}{90} + \dfrac{21}{90} = \dfrac{27}{90} = \dfrac{3}{10}$

④ 割引計算

(1) 30%引きになると大人の入場料は、2000×0.7＝1400（円）
　　子どもの入場料は1500×0.7＝1050（円）
　　よって、総額は、
　　1400×10＋1050×15＝14000＋15750
　　＝29750（円）…H

(2) 大人を x 人とすると、子どもは $(22-x)$ 人となる。
　　よって、$1400x+1050(22-x)=28000$
　　$1400x+23100-1050x=28000$
　　$1400x-1050x=28000-23100$
　　$350x=4900$　よって $x=14$（人）…G

5 分割払い

車の代金を 1 とする。

（1）納品時に支払った金額は頭金の $\frac{1}{3}$ だから、$\frac{1}{4} \times \frac{1}{3} = \frac{1}{12}$

よって残金は、

$$1 - \frac{1}{4} - \frac{1}{12} = \frac{12}{12} - \frac{3}{12} - \frac{1}{12} = \frac{8}{12} = \frac{2}{3} \cdots 答$$

（2）（1）より、残金は $\frac{2}{3}$ で、これを 4 回に分けるから、$\frac{2}{3} \div 4 =$

$\frac{2}{3} \times \frac{1}{4} = \frac{1}{6} \cdots 答$

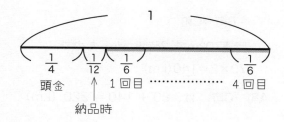

6 速さ

平均速度は
「は（全体の速さ）×じ（全体の時間）＝き（全体の距離）」
で求めます。

A 町から C 町までの全体の距離と全体の時間から、速さを求める。

(は) （速さ）…時速 x km

(じ) （時間）…1時間20分＋2時間＝3時間20分＝200分＝$\dfrac{200}{60}$時間

$= \dfrac{10}{3}$時間

(き) （距離）… A町→B町

時速60kmで、かかった時間は1時間20分＝80分＝

$\dfrac{80}{60}$時間＝$\dfrac{4}{3}$時間なので、

$60 \times \dfrac{4}{3} = 80$（km）

B町→C町

時速70kmで、2時間かかったので、

$70 \times 2 = 140$（km）

よって、 A町→C町 は、 $80 + 140 = 220$ （km）

これより、$\underset{\text{(は)}}{x} \times \underset{\text{(じ)}}{\dfrac{10}{3}} = \underset{\text{(き)}}{220}$ $x = 220 \div \dfrac{10}{3} = 220 \times \dfrac{3}{10} = 66$

時速 66km…C

7 　旅人算

P が先に進んだ距離は、$\underset{\text{(は)}}{50} \times \underset{\text{(じ)}}{15} = \underset{\text{(き)}}{750}$（m） 全部単位は OK！

よって、750 m 先を行く P を Q が追いかけると考えて、

65−50

$\underset{\text{(は)}}{15} \times \underset{\text{(じ)}}{x} = \underset{\text{(き)}}{750}$ 　　 $x = 50$（分後）…E

❽　割　合

初日に読んだページ数は、400×0.2＝80（ページ）

400－80＝320（ページ）

次の日は残りの30%を読んだので、
そのページ数は、320×0.3＝96（ページ）

よって残りは、400－（80＋96）＝400－176＝224（ページ）…H

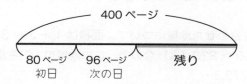

400ページ

80ページ　96ページ　　残り
初日　　次の日

この問題は「残り」を考えていくので、上のような図が見やすいですね。

❾　損益算

個数も含めて、原価、定価、売価の合計を求める。

(げ)（原価）200 × 150 ＝ 30000（円）

(て)（定価）1個あたりの定価は、200 × 1.3 ＝ 260（円）　60個売ると、
定価で売れた金額は、260 × 60 ＝ 15600（円）

(ば)（売価）1個あたりの売価は 260 ÷ 2 ＝ 130（円）　残りの90個
を売ると、売価で売れた金額は 130 × 90 ＝ 11700（円）

30000円で仕入れ、合計27300円（＝ 15600 ＋ 11700）で売ったので、
仕入れ値の方が売値より高く、利益ではなく損失となる。

よって、30000 － 27300 ＝ 2700（円）の損失…A

解 説

10 推 論

P市の面積を 1km²、R市の面積はP市の2倍で 2km² とすると、それぞれの人口は、

・P市の人口：$\underset{\text{人口密度}}{\underline{220}} \times \underset{\text{面積}}{\underline{1}} = \underset{\text{人口}}{\underline{220}}$（人）

・R市の人口：300 × 2 = 600（人）

P市とR市を合わせた地域について、面積は 1 + 2 = 3（km²）、人口は 220 + 600 = 820（人）なので、この地域の人口密度は、
820 ÷ 3 ≒ 273.3…

よって、この地域の人口密度はQ市の人口密度と等しくなく、推論は誤り…B

Check

P市の面積がR市の半分ということは、R市の面積はP市の2倍になりますね。
それぞれの面積を 1, 2 などの簡単な数で表しましょう。

11 表の読み取り

(1) 文学部から教育学部まで構成比を足すと 100%になるから、

100−(30+22+14+13)=21（%）…G

(2) 法学部に注目！ 法学部は全体の 22%で学生は 286 人であるから、大学全体の学生数を x とすると、

x ×0.22=286　よって、x =286÷0.22 =1300（人）…B

A7　反対の意味（対義語）　✓ 読み方チェック　素人、玄人

（3）全体の 13%が教育学部の学生なので、

$$1300 \times 0.13 = 169（人）\cdots A$$

Check

構成比は全体に対する割合（内訳）のことです。

12　不等式の領域

（1）

ア'は、──── より下側　　　イ'は、╱ より下側　　　ウ'は、⋂ より上側

…④、⑤、⑥、⑦、⑧　　　…③、⑥、⑦、⑧　　　…①、③、④、⑥、⑦

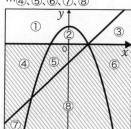

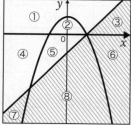

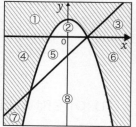

全てを満たすのは ⑥と⑦…F

（2）

⑤は、 ──── より下側…$y < 0$

╱ より上側…$y > x - 1$

 ⋂ より下側…$y < -x^2 + 1$

よって「＜」の不等号
がつくのはアとウ…F

317

模擬問題 4

解答・解説は 326 ページ

制限時間 limited time 30分

問 題

1

街頭で、Q1〜Q4の4つの質問に「はい」「いいえ」で答えるアンケート調査を行った。男女各50名の回答は以下のとおりである。

		男性	女性
Q1	はい	45	40
	いいえ	5	10
Q2	はい	28	27
	いいえ	22	23
Q3	はい	10	8
	いいえ	40	42
Q4	はい	23	35
	いいえ	27	15

(1) Q1を「はい」と回答した男性のうち$\frac{5}{9}$がQ2も「はい」と回答した。

Q1を「いいえ」、Q2を「はい」と回答した男性は何人か。

A 7人　　　　B 8人　　　　C 9人

D 10人　　　E 11人　　　F 12人

G 13人　　　H A〜Gのいずれでもない

(2) Q3を「はい」、Q4を「いいえ」と回答した人は全体で9人だった。
Q3を「いいえ」、Q4を「はい」と回答した人は全体で何人か。

A 49人　　　B 50人　　　C 51人

D 52人　　　E 53人　　　F 54人

G 55人　　　H A〜Gのいずれでもない

言語…練習その4　下線部は近い意味で使われていますか。○×で。≫

2 📝

大小 2 つのサイコロを同時に投げる。

（1）　出た目の積が 12 の倍数になる出方は何通りあるか。

A　1 通り	B　2 通り	C　3 通り
D　4 通り	E　5 通り	F　6 通り
G　7 通り	H　A ～ G のいずれでもない	

（2）　出た目の和が 4 または 10 になる出方は何通りあるか。

A　5 通り	B　6 通り	C　7 通り
D　8 通り	E　9 通り	F　10 通り
G　11 通り	H　A ～ G のいずれでもない	

3 📝

ある国の天候は、雨の確率が 0.4、雨でない確率が 0.6 である。

（1）　ある 2 日間で、初日が雨で、次の日が雨でない確率はいくらか。

A　0.16	B　0.36	C　0.56
D　0.48	E　0.24	F　0.1
G　0.2	H　A ～ G のいずれでもない	

（2）　ある 2 日間のうち、1 日だけ雨である確率はいくらか。

A　0.36	B　0.56	C　0.24
D　0.64	E　0.48	F　0.54
G　0.5	H　A ～ G のいずれでもない	

4

X、Y、Zの3人がXの家に集まり女子会をした。Xが2000円の食事を、Yが1450円のスイーツを買い、Zが買ってきた飲み物と合わせて3人で同額になるようにしたところ、ZがXに600円、Yに50円支払って精算が終わった。Zが買った飲み物はいくらか。

A　550円	B　600円	C　650円
D　700円	E　750円	F　800円
G　850円	H　A～Gのいずれでもない	

5

車の代金を分割払いで支払う。頭金として総額の$\frac{7}{12}$を支払い、残額を17回の均等分割払いで支払う。この場合、分割手数料として残額の$\frac{2}{15}$を加えた額を17等分して支払う。分割払いの1回あたりに支払う額は車代のどれだけにあたるか。

A　$\frac{1}{18}$	B　$\frac{1}{24}$	C　$\frac{1}{36}$
D　$\frac{1}{15}$	E　$\frac{2}{15}$	F　$\frac{2}{17}$
G　$\frac{3}{17}$	H　A～Gのいずれでもない	

A1　×　①は「努力」の意味。②は「効果」の意味。

6 📝

列車 P は X 駅から Y 駅へ、列車 Q は Y 駅から X 駅へ向かう。
次の表は列車 P と列車 Q の時刻表の一部である。列車 P の速さは時速 90km、列車 Q の速さは時速 72km であり、列車はそれぞれ一定の速度で走るとする。

列車 P		列車 Q
13：30 発 ↓ 〔　　　〕着	**X 駅** **Y 駅**	14：20 着 ↑ 13：30 発

（1）列車 P が Y 駅に着く時刻として、表の 〔　　　〕 にあてはまるのはどれか。

A 13：50   B 13：55   C 14：00
D 14：05   E 14：10   F 14：15
G 14：20   H A～G のいずれでもない

（2）列車 P と列車 Q の先頭同士がすれ違う時刻はどれか。

A 13：52   B 13：57   C 14：00
D 14：03   E 14：05   F 14：08
G 14：11   H A～G のいずれでもない

7

ある大学の外国語学部の学生は 320 人おり、そのうち 25％が外国人留学生で、残りは日本人である。外国人留学生のうち 55％が女性である。

(1) 外国人留学生のうち男性は何人いるか。

| A | 36 人 | B | 40 人 | C | 44 人 |

| D | 50 人 | E | 52 人 | F | 56 人 |

| G | 58 人 | H | A〜G のいずれでもない | | |

(2) 外国語学部全体で女性は 178 人いる。日本人の女性は何人いるか。

| A | 134 人 | B | 136 人 | C | 138 人 |

| D | 140 人 | E | 142 人 | F | 144 人 |

| G | 146 人 | H | A〜G のいずれでもない | | |

8

次表は、P、Q、R の 3 つのカップに入れた食塩水の濃度を表したものである。P と Q の食塩水の重さは等しく、いずれも R の重さの半分である。

カップ	濃度
P	5％
Q	10％
R	15％

(1) P の食塩水を蒸発させて半分の重さにすると、Q と濃度が等しくなる。この推論は正しいか。

A　正しい　　　B　誤り　　　C　どちらともいえない

(2) PとRの食塩水を混ぜると、Qと同じ濃度になる。この推論は正しいか。

　　　A　正しい　　　　B　誤り　　　　C　どちらともいえない

9

ある商品に5割増しの定価をつけたが売れないので定価の3割引きにして売ったところ、利益が255円になった。この商品の原価はいくらか。

　　　A　2550 円　　　B　3180 円　　　C　3560 円
　　　D　3800 円　　　E　4250 円　　　F　4760 円
　　　G　5100 円　　　H　A〜Gのいずれでもない

10

P、Q、R、S、Tの5人が徒競走をした。次のことがわかっている。

　・PとRは3位ではなかった
　・Qは2位、4位ではなかった
　・Rの次にPがゴールした
　・QよりもSの方が遅かった

(1) 3位の可能性があるのは誰か。

　　　A　Qのみ　　　　B　Sのみ　　　　C　Tのみ
　　　D　QとS　　　　E　SとT　　　　F　QとT
　　　G　Q、S、T　　　H　A〜Gのいずれでもない

Q3　①雨が降りそうだ。　②遠足は延期するそうだ。　　323

(2) Qが1位であるとき、確実にいえるのは①から③のどれか。

　　　① Sは2位である。
　　　② Tは3位である。
　　　③ Pは5位である。

　A　①のみ　　　　　B　②のみ　　　　　C　③のみ

　D　①と②　　　　　E　②と③　　　　　F　①と③

　G　①、②、③　　　　H　A〜Gのいずれでもない

(3) 必ずしも誤りとはいえないのはどれか。

　　　④ Pは2位である。
　　　⑤ Pは4位である。
　　　⑥ Pは5位である。

　A　④のみ　　　　　B　⑤のみ　　　　　C　⑥のみ

　D　④と⑤　　　　　E　⑤と⑥　　　　　F　④と⑥

　G　④、⑤、⑥　　　　H　A〜Gのいずれでもない

　×　①は推量、②は伝聞を表す。

11

あるクラスで 35 人の生徒に対し、国語と数学の小テストを行った。得点の組合せにわけて人数を示した結果は以下の通りである。

数＼国	0点	1点	2点	3点	4点	5点	6点	7点	8点	9点	10点
0点											
1点											
2点		1									
3点			2		1						
4点				3	2						
5点						2	1				
6点					3	2	3				
7点						3	3	4			
8点							2	1			
9点									1	1	
10点											

（1）国語が 5 点未満だった生徒の数学の平均点は何点か。必要があれば小数点以下第 2 位を四捨五入すること。

　　A　3.9 点　　　　　B　4.0 点　　　　　C　4.1 点

　　D　4.2 点　　　　　E　4.3 点　　　　　F　4.4 点

　　G　4.5 点　　　　　H　A ～ G のいずれでもない

（2）国語と算数の平均点が 6 点以上の生徒を合格とするとき、合格者は何人いるか。

　　A　15 人　　　　　B　16 人　　　　　C　17 人

　　D　18 人　　　　　E　19 人　　　　　F　20 人

　　G　21 人　　　　　H　A ～ G のいずれでもない

解 答

① (1)	H	① (2)	A	② (1)	G	② (2)	B	③ (1)	E
③ (2)	E	④	E	⑤	C	⑥ (1)	E	⑥ (2)	A
⑦ (1)	A	⑦ (2)	A	⑧ (1)	A	⑧ (2)	B	⑨	G
⑩ (1)	G	⑩ (2)	C	⑩ (3)	F	⑪ (1)	D	⑪ (2)	D

解 説

① 集 合

(1) Q1とQ2の男性だけの○×表を作る。

		男性	女性
Q1	はい	45	40
	いいえ	5	10
Q2	はい	28	27
	いいえ	22	23

➡

Q2

Q1		○	×	計
	○	①		45
	×	②		5
	計	28	22	50

Q1を「はい」と回答した45人のうち$\dfrac{5}{9}$がQ2も「はい」と回答したので、①$= 45 \times \dfrac{5}{9} = 25$

よって、②$= 28 - 25 = 3$（人）…H

(2) 条件、求める人数共に「全体で」とあるので、Q3とQ4の各項目に男女計の人数を加えて、それらを元に○×表を作る。

326　A4 ｜ × ①は「切ない」という形容詞、②は打消しの意味。

		男性	女性	計
Q3	はい	10	8	18
	いいえ	40	42	82
Q4	はい	23	35	58
	いいえ	27	15	42

Q4

		○	×	計
Q3	○	①	9	18
	×	②	③	82
	計	58	42	100

①＝ 18 － 9 ＝ 9、②＝ 58 － 9 ＝ 49（人）…A

別 解

③＝ 42 － 9 ＝ 33、②＝ 82 － 33 ＝ 49（人）

2　順列・組合せ

(1)

	1	2	3	4	5	6
1						
2						○
3				○		
4			○			○
5						
6		○		○		○

12 の倍数は、
12、24、36 だから、
左の表より 7 通り…G

(2)

	1	2	3	4	5	6
1			○			
2		○				
3	○					
4						○
5					○	
6				○		

左の表より 6 通り…B

サイコロ 2 つの問題は一覧表が便利ですね。

3　確　率

確率が小数で表されている場合も分数と同じように考えましょう！

(1) 「初日が雨」かつ「次の日が雨でない」ので、0.4 × 0.6 = 0.24…E

(2) 「初日が雨、かつ、次の日が雨でない」または「初日が雨でなく、かつ、次の日が雨」と考えて、

$(0.4 × 0.6) + (0.6 × 0.4) = 0.24 + 0.24 = 0.48$…E

A5 ○　どちらも「出入りするところ」の意味。

4　料金の精算

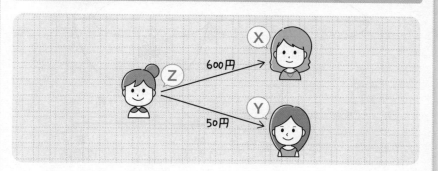

X は 2000 円の食事代を支払い、Z から 600 円もらったので、2000 − 600 ＝ 1400 より、1400 円支払ったことになり、割り勘が 1400 円です。

> Y については、スイーツ（1450 円）と Z からもらった分（50 円）をあわせると 1450 − 50 ＝ 1400 より、X と同じ金額になりますね。

Z は飲み物代と、X に支払った 600 円、Y に支払った 50 円を合計して 1400 円になります。よって、Z が買った飲み物代は、
1400 − (600 ＋ 50) ＝ 750 (円) …E

5　分割払い

車の代金の全体を 1 とする。頭金を支払うと、残額は、$1 - \dfrac{7}{12} = \dfrac{5}{12}$

分割手数料は残額の $\dfrac{2}{15}$ なので、$\dfrac{5}{12} \times \dfrac{2}{15} = \dfrac{1}{18}$

よって、分割払いで支払う額は、残額と分割手数料を加えて

$$\dfrac{5}{12} + \dfrac{1}{18} = \dfrac{15}{36} + \dfrac{2}{36} = \dfrac{17}{36}$$

これを 17 回に分割すると、1 回あたりの支払いは、$\dfrac{17}{36} \div 17 = \dfrac{1}{36}$ …C

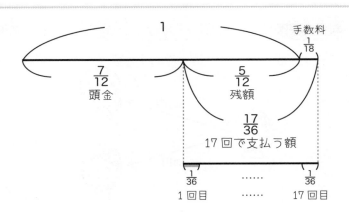

6　速さ、旅人算

（1）

>
> 考え方
> 列車Pは速さしかわかりませんので、「は × じ = き」の式が作れません。まずは、列車Qより距離を求めましょう。

＜列車Qについて＞ --

（は）（速さ）…時速 72 km

> 13:30から
> 14:20まで

（じ）（時間）…50分 $= \dfrac{50}{60}$ 時間 $= \dfrac{5}{6}$ 時間

$\div 60$

よって、$\underset{(は)}{72} \times \underset{(じ)}{\dfrac{5}{6}} = \underset{(き)}{60}$（km）　　X駅、Y駅間の距離は60km。

これを元に列車Pについて考える。

　×　①は場所、②は方法を表す。

＜列車 P について＞

(は) (速さ)…時速90 km 　(じ) (時間)…x 時間 　(き) (距離)…60km

単位はOK!

よって、$\underset{(は)}{90} \times \underset{(じ)}{x} = \underset{(き)}{60}$ 　　$x = 60 \div 90 = \dfrac{60}{90} = \dfrac{2}{3}$時間 $= 40$分

$\times 60$

13：30 の 40 分後だから、14：10…E

(2) 列車PとQ、2台まとめて考える。

$\boxed{90+72=162}$

(は) (速さ) 時速 162km 　(じ) (時間) x 時間 　(き) (距離) 60km

単位はOK!

よって、$\underset{(は)}{162} \times \underset{(じ)}{x} = \underset{(き)}{60}$

$x = 60 \div 162 = \dfrac{60}{162} = \dfrac{10}{27}$時間 $= \dfrac{600}{27}$分 $= \dfrac{200}{9}$分 $\fallingdotseq 22.2$分

$\times 60$

13：30 の 22 分後だから、13：52…A

向かい合う旅人算なので速さを足します。

答えは割り切れず、約 22.2 分となりました。22 分と

何秒かということなので、答えは 22 分と考えればよい

です。なかなか難しい問題ですね。

解　説

7　割　合

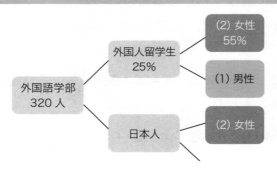

（1）

外国人留学生のうち女性が55%なので男性は、100 － 55＝ 45（%）

よって、320 × 0.25 × 0.45 ＝ 36人…A

全体の25%（外国人留学生）　そのうち45%（男性）

（2）

図の「(2)女性」を2つ足すと178人ということ。

外国人留学生の女性は、320 × 0.25 × 0.55 ＝ 44人

全体の25%（外国人留学生）　そのうち55%（女性）

よって、日本人女性は、178－44＝134人…A

樹形図を見ながら、
どの部分を求めるのか確認しましょう。

×　②は「意見や考え」の意味。

8 　濃度算

P と Q の食塩水の重さを 100 g、R の食塩水の重さを 200 g とする。

（1）P の食塩水に含まれる塩の量は、$\underset{\text{食塩水}}{100} \times \underset{\text{濃 度}}{0.05} = \underset{\text{塩}}{5}$（g）

蒸発させて半分の重さにすると、全体の量は $100 \div 2 = 50$（g）となり、
食塩は 5 g のままなので、濃度を x とすると、
$50x = 5$　よって、$x = 5 \div 50 = 0.1 = 10$（%）

濃度は 10% で Q と等しくなったので、推論は正しいといえる。…A

（2）P の食塩水に含まれる塩の量は（1）の通り。
R の食塩水に含まれる塩の量は、$\underset{\text{食塩水}}{200} \times \underset{\text{濃 度}}{0.15} = \underset{\text{塩}}{30}$（g）

よって、P と R の食塩水を混ぜると、
食塩水の重さは $100 + 200 = 300$（g）、
食塩の重さは $5 + 30 = 35$（g）、
濃度を x とすると、
$300x = 35$　$x = 35 \div 300 = 0.116\cdots \fallingdotseq 11.6$（%）
濃度は Q と同じ濃度（10%）にならず、推論は誤りとなる。…B

解 説

9 損益算

原価、定価、売価の関係は以下のようになる。

$$\begin{cases} \text{げ (原価)} \ x \\ \text{て (定価)} \ 1.5x \\ \text{ば (売価)} \ 1.05x \end{cases}$$

5割増し ➡1+0.5=1.5
$x×1.5=1.5x$

$1.5x ×0.7=1.05x$
3割引き ➡1−0.3=0.7

利益が255円だから、

$1.05x-x=255$ 両辺100倍して

$105x-100x=25500$

$5x=25500$ よって、$x=5100$円…G

10 推 論

1&2番目の条件を以下のように示す。

1	2	3	4	5
	Q×	P×R×	Q×	

ここにRとP（3番目の条件）、QとS（4番目の条件）、残りのTを加える。

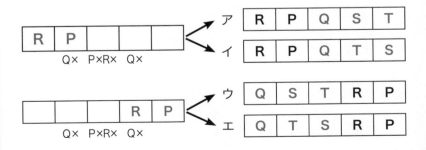

R	P			

Q× P×R× Q×

ア | R | P | Q | S | T |

イ | R | P | Q | T | S |

			R	P

Q× P×R× Q×

ウ | Q | S | T | R | P |

エ | Q | T | S | R | P |

× ①は「私が住んでいる街」と言い換えられる。

「×」の条件に気を付けて埋めていきましょう。

（1）上のア〜エで3位になりうるのは、Q、S、T…G

（2）ウとエのどちらの場合でも確実にいえるのは ③のみ…C

（3）④と⑥は正しいこともあるし誤りのこともあるので、必ずしも誤りとはいえない。

　　⑤はどの場合でもありえないので必ず誤り。よって ④と⑥…F

⑪　表の読み取り

数＼国	0点	1点	2点	3点	4点	5点	6点	7点	8点	9点	10点
0点											
1点											
2点		1									
3点			2			1					
4点				3	2						
5点						2	1				
6点					3	2	3				
7点						3	3	4			
8点							2	1			
9点									1	1	
10点											

（1）上の表のグレーの色がついた生徒の数学の平均点を求める。

　　数学の点数とそれぞれの人数は

　　2点…1人、3点…2人、4点…3＋2＝5人、6点…3人

　　合計人数は、1＋2＋5＋3＝11人

よって平均点は、

(2×1＋3×2＋4×5＋6×3)÷11

＝46÷11＝4.18…≒4.2点…D

> 四捨五入すると
> 2
> 4.Ⅹ8

5点未満は5点は含みません。（5点以下だと5点は含みます。）

(2)「平均点が6点以上」＝「合計点が12点以上」、すなわち上の表の色がついた学生だから、

3＋3＋3＋4＋2＋1＋1＋1＝18人…D

　×　①は気遣い、②は気持ちの意味

CHALLENGE

復習コーナー！

ジャジャーン。数学の復習コーナーです。
数学が苦手、大学受験に数学がなかった、数学は遠い昔の記憶だ…という方のために、SPI非言語に必要な計算を復習するコーナーです。

パチパチ（拍手）。すっかり忘れちゃっているのでありがたいです。でも、数学どころか小数も分数も忘れているかもしれません～。

大丈夫！ 小数＆分数を最初に入れましたので、そこからスタートしましょう。
それぞれのsectionの最初に問題（左）とその答え（右）があります。まずは解いてみて、できた人は次の項目に、忘れちゃっている人は下にある解説に進みましょう。

小数の計算

問 題

① 2.4＋1.35＝

② 1＋0.4＝

③ 1.5 － 0.78＝

④ 1 － 0.3＝

⑤ 500 × 0.6＝

⑥ 12.5 × 0.04＝

⑦ 200 ÷ 0.08＝

⑧ 3.5 ÷ 0.2＝

解 答

① 3.75

② 1.4

③ 0.72

④ 0.7

⑤ 300

⑥ 0.5

⑦ 2500

⑧ 17.5

小数の計算のコツは「小数点とゼロを使いこなす！」です。

上になんか変なキャラクターがいますね…。ショースーテン とゼーローですか…。カッコイイですね（棒読み）。 使いこなしたいです〜。

では小数の足し算＆引き算から順にいきましょう。

言語…練習その5 熟語の成り立ちを答えましょう。 ≫

小数の足し算 & 引き算

↳ 小数点のタテの位置を合わせる。数字がないところにはゼロを！

筆算をしましょう。小数の足し算 & 引き算は小数点のタテの位置を合わせて、数字がないところにはゼロを書き加えます。

②や④の「1」みたいに小数点がないときはどこに合わせたらいいですか？

「1」を「1.0」にしましょう。小数点とゼロの両方がお役立ちアイテムですね。

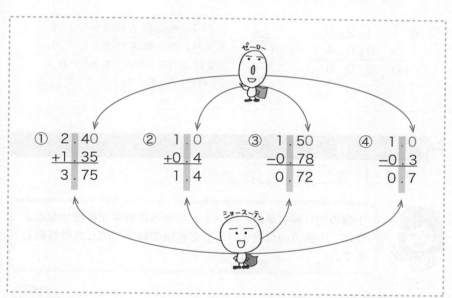

小数の掛け算

⤷ 右端のタテの位置を合わせる。答えの小数点の位置に注意！

 小数の掛け算（筆算）は、足し算と違って小数点の位置は合わせません。右端のタテの位置を合わせます。
そして、答えの小数点の位置に注意です。

⑤
```
    5 0 0
×     0.6
  3 0 0.0
```

 「0.6」の小数点が端から1つ左なので、答えの小数点も端から1つ左です。

⑥
```
    1 2.5
×   0 0.0 4
  0.5 0 0
```

 「12.5」の小数点が端から 1 つ、「0.04」の小数点が端から 2 つ、合計 3 つ左なので、答えの小数点も端から3つ左です。

小数の割り算

⤷ 「÷」の後ろを整数にしてから計算しよう！

 小数の割り算（筆算）は「÷」の後ろの数字が整数になるように、小数点の位置を「÷」の前後の数字で同じだけ移動します。

あまり深く考えないで、〰〰ピョンピョンと 0.08 を移動させたら、200 も〰〰ピョンピョンとすることにしまーす。

⑦
```
        2 5 0 0
0.08 ) 2 0 0.0 0
       1 6
         4 0
         4 0
            0
```

答えの小数点もこの点線に
合わせます。

⑧
```
       1 7.5
0.2 ) 3.5.0
      2
      1 5
      1 4
        1 0
        1 0
           0
```

0.2 が＼ピョン 1 つだから、
3.5 も＼ピョン 1 つだね。

あー、すっきりしました。今まで小数の計算ってモヤモヤし
ていたんです。

それはよかったです。

ショースーテンとゼーローがなんだかモヤモヤしますけどね…。

分数の計算

問 題

① $\dfrac{1}{3} + \dfrac{1}{6} =$

② $1 - \dfrac{1}{2} - \dfrac{1}{4} =$

③ $\dfrac{9}{10} \times \dfrac{5}{3} =$

④ $\dfrac{5}{8} \times \dfrac{4}{7} + \dfrac{3}{10} \times \dfrac{2}{3} =$

⑤ $\dfrac{6}{11} \div \dfrac{3}{7} =$

⑥ $\dfrac{5}{4} \div 10 =$

解 答

① $\dfrac{1}{2}$

② $\dfrac{1}{4}$

③ $\dfrac{3}{2}$

④ $\dfrac{39}{70}$

⑤ $\dfrac{14}{11}$

⑥ $\dfrac{1}{8}$

分数といえば約分通分♪　乗らない気分、できないよ多分♪

ラ、ラップ調ですか…？

そうです、親分♪　僕もラップに挑戦します yo!　テンションあげていきましょう yo!

A2 ｜ 動詞の後ろに目的語（国に帰る）

Hey、子分♪

…分数は、分母（下）＆分子（上）に同じ数を掛けても割ってもOKですyo！　例えば…

例　$\dfrac{7}{6} \overset{\times 4}{\underset{\times 4}{=}} \dfrac{28}{24}$　$\dfrac{5}{8} \overset{\times 3}{\underset{\times 3}{=}} \dfrac{15}{24}$

２つの分数の分母が24で揃ったyo。これが通分だyo!

例　$\dfrac{36}{120} \overset{\div 3}{\underset{\div 3}{=}} \dfrac{12}{40} \overset{\div 4}{\underset{\div 4}{=}} \dfrac{3}{10}$

同じ数で割るのが約分だyo!

これをふまえて計算問題を解こうyo!

分母が下、分子が上

分数の足し算、引き算

↳ 通分してから「＋」「−」だyo!

① $\dfrac{1}{3} + \dfrac{1}{6} = \dfrac{2}{6} + \dfrac{1}{6} = \dfrac{3}{6} = \dfrac{1}{2}$

② $1-\dfrac{1}{2}-\dfrac{1}{4}=\dfrac{4}{4}-\dfrac{2}{4}-\dfrac{1}{4}=\dfrac{1}{4}$

分数の足し算＆引き算はピッツァで考えるといいカモ yo!

分母はそれぞれの分母の最小公倍数で合わせればいいんです ne!

最小公倍数については section5 に詳しくあります yo!

分数の掛け算

↳ 分母＆分母、分子＆分子で掛ける yo!

分母と分母、分子と分子で掛けよう yo! 掛ける前に約分しておくと計算が楽です yo!

「＋」「－」より「×」「÷」を先に計算です ne!

A3 前が後を修飾（ 予 め告げる）

③ $\dfrac{\overset{3}{9}}{\underset{2}{10}} \times \dfrac{5}{\underset{1}{3}} = \dfrac{3}{2}$

$$\dfrac{9}{10} \times \dfrac{5}{3} = \dfrac{9 \times 5}{10 \times 3} = \dfrac{5 \times 9}{10 \times 3} = \dfrac{\overset{1}{5}}{\underset{2}{10}} \times \dfrac{\overset{3}{9}}{\underset{1}{3}} = \dfrac{3}{2}$$

と考えれば、10 と 5、3 と 9 が約分できます。つまり斜めに
約分しても OK です ne。

④ $\dfrac{\overset{1}{5}}{\underset{2}{8}} \times \dfrac{\overset{1}{4}}{7} + \dfrac{\overset{1}{3}}{\underset{5}{10}} \times \dfrac{\overset{1}{2}}{\underset{1}{3}} = \dfrac{5}{14} + \dfrac{1}{5} = \dfrac{25}{70} + \dfrac{14}{70} = \dfrac{39}{70}$

✂ 分数の割り算

↳「÷$\dfrac{\triangle}{\square}$」を逆数にして「×$\dfrac{\square}{\triangle}$」にする yo!

10 の逆数は $\dfrac{1}{10}$ だ yo !

⑤ $\dfrac{6}{11} \div \dfrac{3}{7} = \dfrac{6}{11} \times \dfrac{7}{\underset{1}{3}} = \dfrac{14}{11}$ ⑥ $\dfrac{5}{4} \div 10 = \dfrac{\overset{1}{5}}{4} \times \dfrac{1}{\underset{2}{10}} = \dfrac{1}{8}$

先生、解けるようになりました。ラップは終了します。

ラップもなかなか楽しかったですね。

section 3 　>> 復習コーナー

割合の単位

問　題

1. 小数にしましょう

① 25%

② 8%

③ 25%増

④ 8%引

⑤ 2割

⑥ 7割2分

⑦ 2割増

⑧ 7割2分引

2. 百分率 (%) と歩合 (○割○分) にしましょう

⑨ 0.64

⑩ 0.09

3. 割合の計算をしましょう

⑪ 500円の8%は＿＿円である。

⑫ ＿＿人の3割5分は210人である。

⑬ 320mの＿＿%は272mである。

解　答

① 0.25

② 0.08

③ 1.25

④ 0.92

⑤ 0.2

⑥ 0.72

⑦ 1.2

⑧ 0.28

⑨ 64%、6割4分

⑩ 9%、9分

⑪ 40

⑫ 600

⑬ 85

割合の単位（○%、○割○分）と小数の関係は4日目 割合にも載っていますが、再度確認します。損益算、濃度算などいろんなところで活躍しますので絶対に押さえておきましょう。コツは「小数点とゼロを使いこなす！」です。

　section5 **A4** 　反対の意味 　✓ 意味チェック 　「是」はよいこと、「非」は悪いこと

あれー。このコツは聞き覚えがありますね。もしや section 1と同じキャラが…。

ははは。ばれましたね。続きはショースーテンとゼーローに任せることにします。

百分率（○%）について

↳ 全体が「100% = 1」だから「1% = 0.01」です。すなわち…

$$0.01\% = 0.01 \qquad 0.01 = 1\%$$

「%から小数」は小数点の位置を2つ左、「小数から%」は小数点の位置を2つ右です。

わかりづらいときは数字がないところにゼロを書き加えましょう。

問題の答え合わせをします。

① 0.25 % = 0.25

② 0.08 % = 0.08

③ 1＋0.25＝1.25

全体（1）に25%（0.25）を足す

④ 1－0.08＝0.92

全体（1）から8%（0.08）を引く

歩合（○割○分）について

└→ 全体が「10 割＝ 1」だから「1 割＝ 0.1」です。すなわち…

$$0\underset{\smile}{1}\text{ 割} = 0.1 \qquad\qquad 0\underset{\smile}{.1} = 1\text{ 割}$$

「割から小数」は小数点の
位置を1つ左、「小数から
割」は小数点の位置を1つ
右です。

わかりづらいときは数
字がないところにはゼロ
を書き加えましょう。

こちらも答え合わせをします。

⑤　0 2 割=0.2

⑥　0 7 割2分=0.72

⑦　1+0.2=1.2

全体（1）に 2 割（0.2）を足す

⑧　1−0.72=0.28

全体（1）から 7 割 2 分（0.72）を引く

解けるようになったらショースーテンとゼーローが可愛く見
えてきました。お買い物にも役に立ちそうですね。
⑨⑩もできました♡

Section
A5 │ 似た意味（補うと足す）

⑨　0.64＝64%　　0.64＝6割4分

⑩　0.09＝9%　　0.09＝0割9分＝9分

次に、割合の計算をしましょう。4日目にあるように、「全体×割合＝一部分」と計算します。

「全（ぜん）体×割（わり）合＝一部（ぶ）分」で、「ぜん×わり＝ぶ（ぜんわりぶ）」と覚えるんでしたね。

⑪　500×0.08＝40(円)
　　ぜん　わり　　ぶ

⑫　x×0.35＝210　　x＝210÷0.35＝600(人)
　　ぜん　わり　　ぶ

%にするのを忘れずに。0.85

⑬　320×x＝272　　x＝272÷320＝0.85＝85(%)
　　ぜん　わり　　ぶ

section

4

≫復習コーナー

距離・時間・速さの単位

問 題

① 2.8km＝_____m

② 370m＝_____km

③ 20分＝_____時間

④ $\frac{7}{10}$時間＝____分

⑤ 3分20秒＝_____分

⑥ $\frac{3}{4}$分＝_____秒

⑦ 時速72km＝秒速_____m

解 答

① 2800

② 0.37

③ $\frac{1}{3}$

④ 42

⑤ $\frac{10}{3}$

⑥ 45

⑦ 20

速さの問題に出てくる単位を確認します。単位の変え方について、3日目の速さと通過算で学びましたね。

「距離」の単位は小数点の位置を変えるだけだからできます♡♡

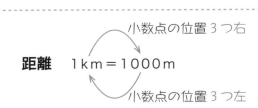

小数点の位置 3 つ右

距離 1km＝1000m

小数点の位置 3 つ左

$\overset{\text{sections}}{\textbf{A6}}$ 動詞の後ろに目的語（職に就く）

わかりづらいときは数字がないところにはゼロを書き加えましょう。
…って、いつもセリフが一緒だなぁ。

① 2.800 km＝2800m

② 0370 m＝0.37km

いいですね。続いて「時間」の単位ですが、これは少しやっかいです。
1時間＝60分、1分＝60秒なので、「60」がキーワードになりますね。60を掛けたり割ったりしましょう。

時間　　1時間＝60分　　　　　　1分＝60秒

なるほど。割り切れないときはどうしたらいいですか？

分数にすればいいですよ。最初から小数を使わずに分数で解くのもアリですね。

③ 20分＝$\frac{1}{3}$ 時間

$20 \div 60 = \frac{20}{60} = \frac{1}{3}$

④ $\frac{7}{10}$ 時間＝42 分

$\frac{7}{10} \times \frac{60}{1} = 7 \times 6 = 42$

一度「秒」にしてから「分」に直しましょう。

⑤ 3 分 20 秒＝$\frac{10}{3}$ 分

3 分 20 秒＝200 秒　　$200 \div 60 = \frac{200}{60} = \frac{10}{3}$

⑥ $\frac{3}{4}$ 分＝45 秒

$\frac{3}{4} \times 60 = 45$

 最後に「速さ」の単位です。これが一番やっかいです。

「時速」と「秒速」、「km」と「m」で分数地獄になるんでしたね。

 そうなんです。通過算ではまず「時速○ km」を「秒速○m」に直すのに…

「÷3.6」でした！

速さ　　時速○km＝秒速○m

 ÷3.6、÷3.6、÷3.6、÷3.6、÷3.6、÷3.6、÷3.6、÷3.6、÷3.6、÷3.6、÷3.6…覚えた？

その通り。「÷3.6」を覚えておくと便利ですよ。これで⑦を解きましょう。

⑦　時速72km＝秒速20m

$$72 \div 3.6 = 20$$

でも、「÷3.6」をすっかり忘れちゃったらどうしたら…

そんなときのために、正当な解き方も確認しておきましょう。

1km＝1000m、1時間＝60分＝3600秒だから、

$$\times 1000$$

時速○km＝秒速○m

$$\div 3600$$

よって、時速72km＝秒速20m

$$72 \times 1000 \div 3600$$

最小公倍数

問　題

次の最小公倍数を求めましょう。

① 6 と 4

② 30 と 50

③ 24 と 60

解　答

① 12

② 150

③ 120

うわー。懐かしい。最小公倍数！　…って何でしたっけ？

倍数はその数を 1 倍、2 倍、…とした数です。6 だったら、6×1＝6、6×2＝12…、4 だったら 4×1＝4、4×2＝8…、が倍数ですね。

公倍数はそれぞれの倍数に共通な数、最小公倍数は公倍数の中で最小の数です。

「倍数を書き出す→共通な数で最小なものを探す」という流れでいきましょう。

---

① 6 の倍数：6、12、18 …

　 4 の倍数：4、8、12 …

　　　　　最小公倍数 12

正解です。②も同様に解きましょう。

② 30 の倍数：30、60、90、120、150 …

　 50 の倍数：50、100、150 …

　　　　　最小公倍数 150

　 A8 　似た意味（樹は立ち木のこと）

③は数が大きくて倍数を書くのが大変そうです。

 そんなときは下のような計算で求めるのもアリです。24 と 60 を共通の数で割っていき、最後に「L 字型」に掛けた数が最小公倍数です。

STEP1
2) 24 60

24 と 60 を共通の 2 で割る。

STEP2
2) 24 60 　　12 30

24÷2=12
60÷2=30

STEP3
2) 24 60 2) 12 30

12 と 30 を共通の 2 で割る。

STEP4
2) 24 60 2) 12 30 　　6 15

12÷2=6
30÷2=15

STEP5
2) 24 60 2) 12 30 3) 6 15

6 と 15 を共通の 3 で割る。

STEP6
2) 24 60 2) 12 30 3) 6 15 　　2 5

6÷3=2
15÷3=5

STEP7
2) 24 60 2) 12 30 3) 6 15 　　2 5

もう共通で割れないので「L 字型」にかける。

なるほど。24 と 60 の最小公倍数は、2 × 2 × 3 × 2 × 5 = 120 ですね。

1次方程式の基礎

問 題

次の方程式を解きましょう。

① $3x = 9$

② $0.8x = 240$

③ $x \times \dfrac{3}{4} = 6$

④ $x - 2 = 9$

⑤ $8x - 9 = 6x + 1$

⑥ $\dfrac{7}{2}x - \dfrac{7}{3} = \dfrac{1}{6}x + 1$

解 答

① $x = 3$

② $x = 300$

③ $x = 8$

④ $x = 11$

⑤ $x = 5$

⑥ $x = 1$

分数と同じくらい方程式も苦手です。またラップ調でお願いします〜。

OK。読者の皆さんがついてきているのか若干不安ではありますが…方程式は「$x =$〜」が答えだ yo!　移項で行こう！

先生、そのギャグ最高！　移項って「イコールの右から左へ、左から右へ」です ne!

　A9　反対の意味（公 と 私）

そうです yo ！ 「×」は「÷」にするのを忘れちゃいけない yo ！ ①からいきましょう。「$3x$」は「$3 × x$」だから…

① $3x = 9$　　　$x = 9 ÷ 3 = 3$

なるほど。小数や分数でも同じように解けばいいです ne ！

② $0.8x = 240$　　　$x = 240 ÷ 0.8 = 300$

③ $x × \dfrac{3}{4} = 6$　　　$x = 6 ÷ \dfrac{3}{4} = 6 × \dfrac{4}{3} = 8$

「－」の場合はどうしたらいいですか？

移項すると「－」は「＋」、「＋」は「－」、「÷」は「×」になります yo ！

「＋」と「－」、「×」と「÷」がペアです ne ！

$$④ \quad x-2=9 \qquad x=9+2=11$$

いいです ne ！　⑤は、まず x アリを左、数字ダケを右でそれぞれ計算します。
そうすればあとは今までと一緒です yo ！

$$⑤ \quad 8x-9=6x+1$$
$$8x-6x=1+9$$
$$2x=10$$
$$x=5$$

⑥は分数、しかも方程式…。

そのまま計算もできるけど、分数がキライだったら先に式を整数にしちゃいな yo ！
両辺に同じ数を掛けて分数を整数に…

あ！　6を掛ければいいです ne ！

A10 ┃ 反対の意味（盛んと衰える）　🔍 四字熟語チェック 栄枯盛衰

OK。分母の 2、3、6 の最小公倍数である「6」を掛けます yo!

$$⑥ \quad \frac{7}{2}x \overset{3}{\times 6} - \frac{7}{3} \overset{2}{\times 6} = \frac{1}{6}x \overset{1}{\times 6} + 1 \times 6$$

$$21x - 14 = x + 6$$

$$21x - x = 6 + 14$$

$$20x = 20$$

$$x = 1$$

整数にするとわかりやすいです ne!

ラップは…これで終わりにします yo !

section

7

>> 復習コーナー

順列 (P)・組合せ (C) の計算

問 題

① $_7P_3$

② $_9P_2$

③ $_4P_4$

④ $_7C_3$

⑤ $_{12}C_2$

⑥ $_8C_2 + _{10}C_2$

解 答

① 210

② 72

③ 24

④ 35

⑤ 66

⑥ 73

先生、また右上に…確かPちゃんとCちゃん！

 そうです。1日目で計算の仕方を学びましたね。
もう一度復習しましょう。PちゃんとCちゃんに任せまーす。

 どうもどうも。Pの計算からいきましょう。
Pの計算は左の数がスタート。
1ずつ減らして、右の数の分だけ掛けるんだよ。

なんだかよくわからないな。具体的な数字で教えてー。

OK。$_{100}P_3$ だったら…

100 スタート

$_{100}P_3=100×99×98＝970200$

3 つかける（1 つずつ減らして）

なるほど、大きい数字で来たね〜。負けないわよ。$_{500}P_4$ だったら、500 × 499 × 498 × 497 を計算すればいいってことね。

そうそう、その調子で①から③を解こう。

① 　7 スタート

$_7P_3＝7×6×5＝210$

3 つ掛ける（1 つずつ減らして）

② 　9 スタート

$_9P_2＝9×8＝72$

2 つ掛ける（1 つずつ減らして）

③ 　4 スタート

$_4P_4＝4×3×2×1＝24$

4 つ掛ける（1 つずつ減らして）

P ちゃんのお陰で解けるようになったわ。

それは良かった。ちなみに、③ $_4P_4$ のように左右の数が同じときは「4！」と書いても OK。4の階乗（かいじょう）と読むのよ。

「4ビックリ」とは読まないのか…。

はい、続いて C の勉強です。C は分数で計算します。C も具体的な数字でいきましょうか。$_{100}C_3$ だったら…

100 スタートで 3 つ掛ける（1 ずつ減らして）

$$_{100}C_3 = \frac{100 \times 99 \times 98}{3 \times 2 \times 1} = 161700$$

3 スタートで 3 つ掛ける（1 ずつ減らして）

分子は P と同じ計算です。
分母は左の数字（100）は関係ありません。右の数字（3）を使って 3 スタートで 3 つ掛けます。

ボリュームがある式だね。

掛け算をする前に約分すると少しボリュームダウンしますよ。答えは整数になるので、分子が 1 になるまで約分しましょう。では④から解きましょう。

7 スタートで 3 つ掛ける（1 ずつ減らして）

④ $_7C_3 = \dfrac{7 \times 6 \times 5}{3 \times 2 \times 1} = 35$

3 スタートで 3 つ掛ける（1 ずつ減らして）

12 スタートで 2 つ掛ける（1 ずつ減らして）

⑤ $_{12}C_2 = \dfrac{\overset{6}{12} \times 11}{2 \times 1} = 66$

2 スタートで 2 つ掛ける（1 ずつ減らして）

⑥は簡単にできる方法とか公式とかない？

 ないんですよ〜。2 つの C を計算して足してくださいね。

そっか。残念ね。
でも C ちゃんのお陰でこの計算もできるようになったわ。
P ちゃん、C ちゃん、ありがとう。

⑥ $_8C_2 + _{10}C_2 = \dfrac{\overset{4}{8} \times 7}{2 \times 1} + \dfrac{\overset{5}{10} \times 9}{2 \times 1} = 28 + 45 = 73$

いえいえ。テストでも私たちを忘れないでね♡♡

もちろんよ。就活も頑張れる気がしてきたわ。
先生、ありがとうございました。

ありがとうございました。

こちらこそ。最後まで頑張りましたね。
あ、ナイテイにつぼみが…！

うわー。嬉しいです。早く花が咲くように頑張ります♡♡

僕も習ったことを忘れないように復習を頑張ります！

ファイト〜！
読者の皆さんもナイテイの花が咲くまであと少しです。
努力を重ねて内定を勝ち取り、大きな花を咲かせてください
ね。

あとがき

最後まで読んでいただきありがとうございます。

SPI 非言語分野は「数学系」とはいえ sin、cos も
出てこなければ、面倒な図形の証明もありません。
それどころか、「不等式と領域」や「推論」のように
計算がほとんど出てこない章もあり、
驚いた方もいるかもしれません。

読み進めていただいた中で、
「なーんだ。こんなに簡単だったの?」と
自信がついた単元が増えれば、
筆者としては嬉しい限りです。

本番のテストで、本書の類題に出会ったとき
パッと解き方が思いつくように何度も読み返してくださいね。

読者の皆さんのご健闘をお祈りしています。

西川　マキ

本書の特典のご案内

● **電子版**
模擬問題の電子版（PDF）がダウンロードできます。

● **動画講義**
本書の解説記事の動画講義を視聴できます。

● **問題集 WEB アプリ**
問題集アプリを利用できます。Web アプリになっています。

上記の特典は、以下のURLの「特典」ボタンから読者限定特典ページに進んで、入手・利用してください。

(インプレス書籍サイト)　URL：https://book.impress.co.jp/books/1123101086

※利用には、無料の読者会員システム「CLUB Impress」への登録が必要となります。
※本特典のご利用は、書籍をご購入いただいた方に限ります。
※提供期間は、本書発売より 3 年間となります。
※本書の記述に関する不明点や誤記などの指摘は、上記、インプレス書籍サイトの「お問い合わせ」よりお問い合わせください。

STAFF

編集	大西強司（とりい書房有限会社）	
	片元　諭	
制作	野川育美	
校正	戸名結人	岡本ひろり
イラスト	野川育美	西川マキ
カバーデザイン	井出敬子	
編集長	玉巻秀雄	

本書のご感想をぜひお寄せください

https://book.impress.co.jp/books/1123101086

読者登録サービス CLUB impress

アンケート回答者の中から、抽選で図書カード(1,000円分)などを毎月プレゼント。
当選者の発表は賞品の発送をもって代えさせていただきます。
※プレゼントの賞品は変更になる場合があります。

■商品に関する問い合わせ先

このたびは弊社商品をご購入いただきありがとうございます。本書の内容などに関するお問い合わせは、下記のURLまたは二次元バーコードにある問い合わせフォームからお送りください。

https://book.impress.co.jp/info/

上記フォームがご利用いただけない場合のメールでの問い合わせ先
info@impress.co.jp

※お問い合わせの際は、書名、ISBN、お名前、お電話番号、メールアドレス に加えて、「該当するページ」と「具体的なご質問内容」「お使いの動作環境」を必ずご明記ください。なお、本書の範囲を超えるご質問にはお答えできないのでご了承ください。

● 電話やFAXでのご質問には対応しておりません。また、封書でのお問い合わせは回答までに日数をいただく場合があります。あらかじめご了承ください。
● インプレスブックスの本書情報ページ https://book.impress.co.jp/books/1123101086 では、本書のサポート情報や正誤表・訂正情報などを提供しています。あわせてご確認ください。
● 本書の奥付に記載されている初版発行日から3年が経過した場合、もしくは本書で紹介している製品やサービスについて提供会社によるサポートが終了した場合はご質問にお答えできない場合があります。

■落丁・乱丁本などの問い合わせ先

FAX 03-6837-5023
service@impress.co.jp
※古書店で購入された商品はお取り替えできません。

1週間でSPI3の解き方がわかるテキスト&問題集 動画講義付き

2023年 12月 1日　初版発行
2024年 11月 1日　第1版第4刷発行

著　者　西川マキ
発行人　高橋隆志
発行所　株式会社インプレス
　　　　〒101-0051　東京都千代田区神田神保町一丁目105番地
　　　　ホームページ　https://book.impress.co.jp/

印刷所　日経印刷株式会社

ISBN978-4-295-01815-5 C2030

Printed in Japan